Eva und Ulrich Klever

Reizvolle Fondue-Rezepte

fürs Eßvergnügen in geselliger Runde
Mit praktischem Rat
und Tips zu den Geräten

D1942220

GU
Gräfe und Unzer

Umschlag-Vorderseite: Die bekannteste Fleisch-Öl-Fondue ist sicher die Fondue bourguignonne. Rezepte Seite 31–43.
2. Umschlagseite: Die Fondue Katou ist eine besonders aparte Brühefondue für alle Liebhaber von Meeresfrüchten. Aioli und Weinsauce mit Krabben passen gut dazu. Rezepte Seite 48 und 59.
3. Umschlagseite: Hühnerfondue bourguignonne mit Öl (hinten) und schlanke Geflügelfondue mit Brühe (vorne) im Drei-Topf-Set (siehe Seite 72). Die dazu passende Estragonsauce bleibt in der Mitte warm. Rezepte Seite 33, 46 und 62.
Umschlag-Rückseite: Fondue chinoise, die klassische Brühefondue. Rezept Seite 45.

CIP-Kurztitelaufnahme der Deutschen Bibliothek
Klever, Eva:
Reizvolle Fondue-Rezepte: fürs Eßvergnügen in geselliger Runde; mit prakt. Rat u. Tips zu d. Geräten / Eva u. Ulrich Klever. - 8. Aufl. - München: Gräfe und Unzer, 1991.
1. Aufl. u. d. T.: Klever, Eva: Die besten Fondue-Rezepte
ISBN 3-7742-3281-4
NE: Klever, Ulrich:

8. Auflage 1991
inhaltlich unveränderte Neuauflage des früheren Titels »Die besten Fondue Rezepte«.
© Gräfe und Unzer GmbH, München
Alle Rechte vorbehalten. Nachdruck, auch auszugsweise, sowie Verbreitung durch Film, Funk und Fernsehen, durch fotomechanische Wiedergabe, Tonträger und Datenverarbeitungssysteme jeglicher Art nur mit schriftlicher Genehmigung des Verlages.
Redaktion: Antje Schunka-Späth
Herstellung: Monika Gerretz
Farbfotos: Fotostudio Teubner
Zeichnungen: Gerlind Bruhn, Ingrid Schütz
Umschlaggestaltung: Heinz Kraxenberger
Satz und Druck: Appl, Wemding
Reproduktion: Brend'amour, Simhart & Co.
Bindung: Wagner, Nördlingen

ISBN 3-7742-3281-4

Eva und Ulrich Klever
Eva Klever, nach Buchhandelslehre und Studium der Germanistik, arbeitete einige Jahre in dem landwirtschaftlichen Betrieb ihrer Eltern, führte dann für ihren Mann und Tochter Haushalt, Büro, Archiv und Versuchsküche. Ulrich Klever, nach Studium von Zoologie und Ernährungsphysiologie Journalist geworden, kam von der Feinschmeckerei zum Kochen. Mit naturwissenschaftlicher Gründlichkeit erarbeitete er sich dieses Gebiet und wurde, dank seiner Fähigkeit, komplizierte Dinge einfach und einfache Dinge spannend beschreiben zu können, bald zum vielbeschäftigten Kochjournalisten. Seine zahlreichen Kochbücher - vielfach prämiert von der Gastronomischen Akademie Deutschlands - wurden fast alle zu Bestsellern.

Hinweis und Warnung

Das Kochen bei Tisch erfordert eine Hitzequelle (Spiritus, Gas, Strom), die sicher aufgestellt und sorgsam beobachtet werden muß. Auch der Inhalt des Fonduetopfes, sei es Käse, Öl oder Brühe, wird gefährlich heiß und kann sogar spritzen. Es ist daher unbedingt ratsam, daß man eine Fondue auf dem Tisch niemals unbeobachtet läßt. Vor allem ist Vorsicht geboten, wenn Kinder mit zur Tischrunde gehören. Sparen Sie beim Kauf eines Fondugerätes nicht am falschen Platz. Brenner und Topf müssen gut stehen, nach Möglichkeit einen Spritzschutz haben und den allgemeinen Sicherheitsbestimmungen entsprechen. Erhitzen Sie niemals Öl oder Brühe in einem irdenen Caquelon für Käsefondue, da dieser durch die Hitze platzen kann.

Sie finden in diesem Buch

Ein Wort zuvor

Fondue bringt Spaß in jede gesellige Runde – das ist das Geheimnis ihres Erfolges! Dieser neue bunte Küchen-Ratgeber ist für Leute gedacht, die die Welt der Fondues kennenlernen wollen. Was die Propheten der gehobenen Küche abschätzig als vergängliche Modewelle bezeichnet hatten, ist zu einem »Hit« für alle geworden, die gerne problemlos Gäste bewirten. Vor allem jüngere Gastgeber laden gerne zur Fondue ein, weil es Spaß macht, gemeinsam am Tisch zu kochen.

Warum sind Fondues so beliebt? Die Antwort: Die Fondue ist eine dem großen Menü ebenbürtige Mahlzeit, die auch Berufstätige ihren Gästen bieten können, ohne vorher Stunden in der Küche stehen zu müssen. Man kann den Tisch festlich und attraktiv decken. Die Flamme des Rechauds gibt Geborgenheit, genau wie die Runde um den Fonduetopf. Dadurch, daß man bei Tisch etwas mehr tun muß, als nur die Gabel zum Mund zu führen, lernen sich auch Fremde schneller kennen; ein Fondue-Essen, bei dem Gäste stumm nebeneinander sitzen, können wir uns nicht vorstellen. Bei den Fleischfondues kann man mit den verschiedenen Dips und Saucen seine Kreativität und Individualität zeigen. Fondue ist ein zeitgemäßes Essen, das seine Teilnehmer für Stunden angenehm beschäftigt – das gilt nicht nur für Gäste, sondern auch für die Mitglieder einer Familie.

Am Anfang war die Käsefondue, irgendwann in der französischen Schweiz entstanden und dort auch benannt, denn schmelzen heißt auf französisch »fondre«: geschmolzener Käse, in den man Brot tauchte. Vor rund dreißig Jahren begann man in der Deutschschweiz Freunde zum Fondue-Essen einzuladen. Damals brachten wir uns unser erstes Fonduegeschirr aus Zürich mit. Als Walt Disney in seinem »Cinerama Holiday« die Schweiz als Land der Berge, Kühe, Alphornbläser und Fondue-Esser darstellte, wurde der blubbernde Käsetopf auf dem Tisch in den USA Mode, und man erfand weitere Möglichkeiten, sich sein Essen Bissen für Bissen am Tisch selbst zu kochen. Es wurde nicht mehr nur Brot in Käse gestippt, es wurden Fleisch oder Fisch in Öl gebraten, in Brühe gesotten, in Wein geköchelt. Die Stunde der Rezepterfinder und Kochanleitungsdetektive schlug: sie entdeckten immer mehr neue Möglichkeiten und sammelten fondueähnliche Gerichte aus aller Herren Länder.

In diesem Küchen-Ratgeber haben Sie das Konzentrat unserer Erfahrungen, das Wissenswerte zum Thema: Die Geräte, die wir beschreiben, haben wir selbst ausprobiert. Sie lernen die wichtigen Fonduekäse kennen und erfahren viel über Fonduefleisch, damit Sie vorteilhaft (und nicht nur teuer) einkaufen können. Und dann finden Sie viele Rezepte: rund 30 verschiedene Käsefondues, über 20 Fondues mit dem Öltopf und 18 der heute so beliebten Fondues mit Brühe.
Besonders wichtig für jeden Fondue-Fan ist das Saucen- und Dipkapitel, denn es umfaßt 40 verschiedene Rezepte.

Aus unserer langjährigen Arbeit für Zeitschriften und das Fernsehen, durch unsere vielen Bücher kennen wir die Wünsche derer, die Fondues machen und Gäste damit aufs Beste bewirten wollen. Deshalb ist dieser Küchen-Ratgeber ein Buch für die Praxis. Probieren Sie es aus: Sie werden Erfolg damit haben!

Ihre Eva und Ulrich Klever

Rund um den Fonduetopf

Wer am Tisch kocht, ißt nicht alleine: es gehören mindestens zwei dazu. Und es wird bei dieser Gemeinsamkeit nicht nur gegessen und genossen, es wird auch vereint gekocht, wobei »kochen« der verallgemeinernde Ausdruck für eine wenig zeitraubende Angelegenheit ist, denn alle Vorbereitungen sind bereits in der Küche erledigt worden.

Am verbindendsten sind die Gerichte, die aus dem gleichen Topf auch noch gegesssen werden. So hat ein Fondue-Essen etwas von jener gemeinschaftlichen Geborgenheit, die die Menschen auch an einem Lagerfeuer miteinander verbindet: die lodernden oder glühenden Scheite in freier Natur haben sich zur blauen Flamme des Rechaudbrenners auf einem Tisch gewandelt, die eine Art blaue Blume der Koch-Romantik ist. Ob man sein Brot in die blasenschlagende, blubbernde Käsemasse taucht, ob man Fleisch oder Fisch in siedendem Öl brät oder in kochender Brühe gar macht – es ist etwas anderes, als ein fertig serviertes Schnitzel mit Salat zu essen. Und es ist sicher einer Unterhaltung und Diskussion wert, sich über das »Stammesgefühl« einer solchen Runde klar zu werden: Ein einfaches Essen wird zum Ritual mit Regeln. Jeder Neuling in der Runde wird durch das gemeinsame Kochen und Essen schnell in den Clan oder die Clique aufgenommen.

Die Käsefondue ist gemütlich und geruhsam; man muß nur stippen. Und wer selbst die Vorbereitung geruhsam haben will, der nimmt als Grundstock eine der Käsefonduemischungen der Lebensmittelindustrie.

Die Fleisch- oder Fischfondue erfordert durch die Wahl der verschiedenen Fleisch- und Fischsorten und durch das Ausprobieren der Dips und Saucen mehr Aufmerksamkeit. Dadurch bekommt aber auch die ganze Einladung mehr Temperament.

Voraussetzung für das Kochen bei Tisch sind einige Spezialgeräte. Dabei ist das Angebot an Rechauds, Töpfen, Tellern und Accessoires so groß, daß jeder seinen persönlichen Geschmack befriedigen kann; von rustikal bis elegant, von verschnörkelt bis sachlich-modern ist alles vorhanden. Lassen Sie sich aber nicht irritieren, man kann sich immer behelfen und auch dafür geben wir Ihnen Tips.

Bevor man den Entschluß faßt, Fondue selbst zu bereiten, hat man sie meist bei Freunden oder in ihrer Heimat, der Schweiz, gegessen. Und das ist schon wichtig, denn bei allen Behelfsmöglichkeiten: ein Rechaud mit Brenner muß gekauft werden, um am Tisch zu kochen und zu essen.

Ohne Feuerstelle geht es nicht

Die Kerze ist die kleinste Hitzequelle. Geräte mit Kerzenbeheizung heißen: Butterwärmer • Speisewärmer • Tee-Stövchen • oder es sind Spezialsets wie zum Beispiel für Schokoladefondue.

Man kann damit: Schokolade schmelzen • Fondue und Sauce warm halten, aber nicht aufkochen.

Der Spiritusbrenner ist die häufigste Hitzequelle zum Kochen aller Arten von Fondues. Es gibt ihn fast nur noch dochtlos: Spiritus wird auf unbrennbare Glaswolle gegossen, die Luftzufuhr und damit die Größe der Flamme wird durch ein Sieb geregelt. Der Spiritus brennt beinahe geruchlos. Spiritusbrenner sind aus Blech, Edelstahl oder Kupfer. Es gibt sie einzeln, aber im Grunde bilden sie mit Gestell und Rost das Rechaud.

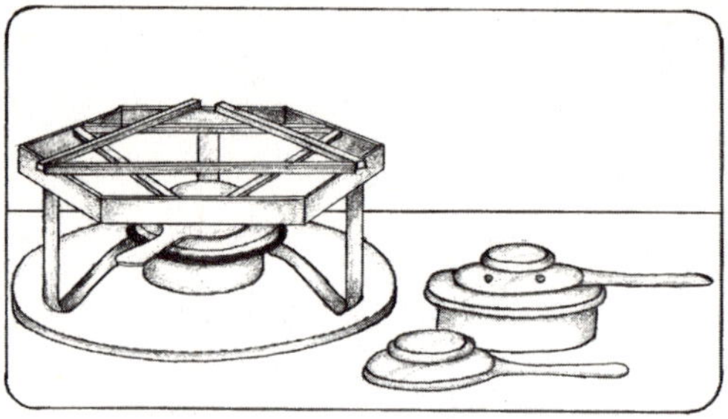

Die Größe der Spiritusflamme läßt sich regulieren. Über dem Brenner der Rost für Caquelon oder Topf.

Rechauds gibt es in riesengroßer Auswahl, was Material und Form angeht. Besorgen Sie sich im Fachgeschäft die Kataloge der Firmen Christian Wagner, Spring, Goebel-Le Rotisseur, Schmitz-Le Creuset, Beka, WMF, Silit (OMF), Sigg, Stöckli, SUS und Kisag, damit Sie sich vor dem Kauf über Formen und Materialien unterrichten können. Beim Kauf ist dann darauf zu achten, daß man mit dem Brenner problemlos hantieren kann, daß er sich leicht abstellen läßt, sich nicht auf der Standfläche dreht und daß man ihn auch unter dem mit heißem Öl gefüllten Topf herausnehmen kann. Denken Sie daran: Beim Hantieren ist der Brenner heiß!

Spiritusbrenner sind geeignet für das Weiterkochen von Käsefondue, Öl, Fett und Brühe, wenn man sie vorher in der Küche zum Kochen gebracht hat. Die Brenndauer einer Spiritusfüllung bei großer Flamme beträgt 60 bis 80 Minuten, bei mittlerer bis kleiner Flamme bis zu 2½ Stunden.

Neu ist der Firestar-Brenner der Firma Spring, ein Sicherheitsbrenner, der mit Brennpaste arbeitet und leicht zu regulieren und nachzufüllen ist. Wenn die Paste im Napf nicht voll ausgebrannt wird, verschließt man ihn dicht mit Haushaltsfolie, damit der darin enthaltene Alkohol nicht verdunsten kann. Unter Zugabe von 1 cm frischer Paste aus der Tube kann dann neuerlich gezündet werden.

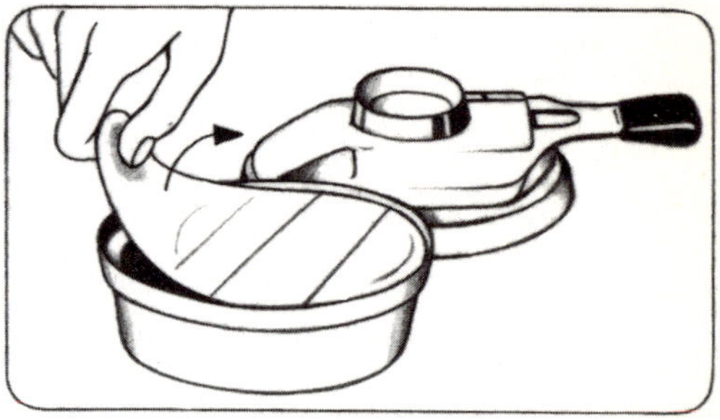

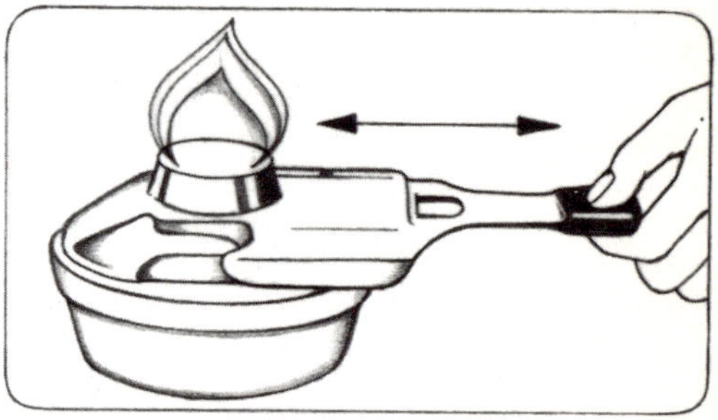

Firestar-Sicherheitsbrenner, geeignet für alle Fonduetypen, da gut regulierbar. Die Brennpaste wird mit der Aluschale eingesetzt.

Die Gasbrenner arbeiten mit Butangas. Eine Füllung hält bei großer Flamme 1 Stunde, bei mittlerer Flamme bis zu 3, bei kleiner Flamme bis zu 9 Stunden. Man kann auf diesen Gasbrennern richtig bei Tisch kochen und dabei die Hitze haargenau regulieren. Das Butangas verbrennt völlig geruchlos. Die Brenner werden aus Sicherheitsgründen nur mit einem Rechaud zusammen verkauft. Mit den Gasbrennern von Kisag und dem Aero-Flame von Sigg haben wir beste Erfahrungen gemacht. Letzterer hat auswechselbare Brennköpfe für Fondue und zum Flambieren.

Man kann mit einem Gasbrenner auf großer Flamme Öl und Brühe zum Sieden bringen, auf mittlerer Flamme Fondues am Köcheln halten, Sukiyaki schmoren, auf kleiner Flamme alles warm halten.

Gasbrenner sind leicht zu regulieren. Hier mit auswechselbarem Brennkopf für Fondue und Flambieren.

Den Elektro-Fonduegeräten fehlt zwar die Romantik der Flamme, dafür aber sind viele von ihnen mit thermostatischer Wärmeregelung ausgerüstet. Man kann Temperaturen von 40 Grad (warm halten), 70 Grad (Schokoladenfondue), 85 Grad (Käsefondue), 100 Grad (Brühenfondue), 180 Grad (Öl-Fondue) und 250 Grad (Bratpfannenhitze) einstellen. Beim Einkauf darauf achten, daß ein Halter für das Kabel dabei ist, damit man das Gerät mit der heißen Füllung nicht durch eine Ungeschicklichkeit vom Tisch reißen kann.

Anmerkung: Eine kleine Übersicht über den Markt der Fonduegeräte geben wir Ihnen auf Seite 72.

Die Fondues – Praxis und Zubehör

Die Käsefondue

Erforderlich sind: ein Rechaud mit Spiritusbrenner • ein Fonduetopf (Caquelon) • Teller • langstielige Gabeln mit geraden Zinken, mit Holz- oder Plastikgriffen • ein Brotkorb • Gläschen für den Schnaps.

Der Topf, Caquelon genannt, darf aus glasiertem Ton sein, da Käsefondue nur 85 Grad Hitze erfordert. Der Griff soll kräftig sein, denn der heiße Käsebrei ist schwer. Die Qualität muß gut sein, denn auch bei beidseitig glasierten Töpfen bilden sich im Lauf der Zeit feine Haarrisse. Wenn man darauf achtet,

Caquelon für die Käsefondue und passende Minicaquelons für Kirschwasser oder andere Schnäpse.

daß ein Caquelon nie längere Zeit mit Wasser gefüllt stehen bleibt, sind die Risse nicht gefährlich. Spezialteller sind nicht erforderlich, es gibt sie aber passend zum Caquelon zu kaufen genauso wie Mini-Caquelons als Schnapsgläschen, auf die man wiederum nicht verzichten sollte.

Unser Tip für Ungeübte: Die erste Fondue läßt sich auch in einem normalen Topf auf dem Küchenherd machen. Den Topf zwischendurch immer wieder vom Tisch in die Küche tragen und den Käsebrei zum Aufkochen unter Umrühren auf den Herd geben.

Leitfaden für den Umgang mit Käse

Je nach Konsistenz und Alter muß der Käse für die Fondue geschnitten, gerieben oder geraspelt werden, um richtig zu schmelzen. Zum Reiben oder Raspeln größerer Mengen ist ein Elektrogerät (Küchenmaschine) zu empfehlen. Beachten Sie dann bitte die Anmerkung auf Seite 14.

Hier die wichtigsten Fonduekäse, von denen sich die Behandlung aller anderen leicht ableiten läßt:

Allgäuer Emmentaler raspeln • Appenzeller kleinwürfeln • Edamer in Scheibchen schneiden oder raspeln • Freiburger Vacherin in Scheibchen schneiden oder raspeln • jungen Gouda raspeln, alten Gouda reiben • Greyerzer feinhobeln oder reiben • Sbrinz hobeln oder reiben • Schweizer Emmentaler reiben • Tilsiter feinwürfeln oder raspeln • Walliser in Scheibchen schneiden oder raspeln.

Pannenhilfe bei der Käsefondue

- Wenn die Fondue zu dick wird, der kochenden Fondue unter Schlagen mit dem Schneebesen etwas erwärmten Wein oder Kirschwasser zufügen.
- Wenn die Fondue zu dünn wird, kräftig aufkochen und 2–3 Eßlöffel geraspelten Käse unter Rühren dazugeben. Notfalls etwas angerührte Speisestärke einrühren.
- Wenn sich Klumpen bilden, 1 Eßlöffel Zitronensaft oder 2 Teelöffel Weinessig einrühren, denn sicher war Ihr Wein nicht säuerlich genug.
- Wenn sich Käse und Wein wieder scheiden, unter kräftigem Schlagen mit dem Schneebesen bei großer Hitze aufkochen. Die Fondue hat sich sicher nur geschieden, weil Sie und Ihre Gäste das Rühren vergessen haben.
- Wenn Käse und Wein sich nicht binden, 2 Teelöffel Speisestärke in Zitronensaft glattrühren und der Fondue unter kräftigem Rühren zufügen.

Steckbrief der Fonduekäse

Allgäuer Emmentaler: Mattgelber Hartkäse, milder nußartiger Geschmack, 6 Monate alt und geraspelt gut zu schmelzen.
Beaufort: Harter Käse aus Savoyen. Ergänzt den Greyerzer (50 : 50); hervorragend zu einer rassigen Fondue.
Bel Paese: Italienische Handelsmarke für Butterkäse. Sehr mild und sahnig. Zum Schmelzen mit härteren Käsen kombinieren.
Cantal: Ältester französischer Käse, würzig und halbhart. Vor dem Einkauf probieren, da im Geschmack sehr unterschiedlich.
Cheddar: Englischer Hartkäse von bröckeliger Struktur, Geschmack mild. In den USA populärster Fonduekäse. Gut zu würfeln.
Chester: Englischer Hartkäse, der bei jüngstem Reifegrad mild, bei ältestem würzig-scharf schmeckt. Kann ohne Beimischung verwendet werden, da er leicht schmilzt.
Comté: Französischer Hartkäse, ähnelt dem Greyerzer. Daher gut für Fondue.

Edamer: Milder Schnittkäse aus Holland, als rote, paraffinierte Kugel im Handel. Eignet sich besonders als junger Käse gut zur Fondue.
Emmentaler: Schweizer Hartkäse mit großen Löchern. Geschmack sanft, schwach an Haselnüsse erinnernd. Vollreif mit »Tränen« von Salzwasser in den Löchern, rassig im Geschmack. Bildet zusammen mit Greyerzer die klassische Fonduemischung.
Fontina: Fetter italienischer Käse von zartem Aroma und fast süßlichem Geschmack, im Mund zerschmelzend. Basis für die italienische Form der Fondue, die Fonduta.
Gouda: Vollfetter Schnittkäse aus Holland. 1. Junger Gouda, sahnig, zart mild und weich, schmilzt gut aus und verbindet sich leicht und eng mit allen Zutaten. Besonders geeignet für eine Kinderfondue. 2. Mittelalter Gouda, herzhaft, würzig und fester; wird ebenfalls gut weich. 3. Alter Gouda, besonders herzhaft und pikant; läßt sich gut reiben.
Greyerzer oder Gruyère: Hartkäse aus der Westschweiz mit wenigen, erbsengroßen Löchern. Kleine Risse weisen auf besonders guten Käse hin. Würzig und spitzer im Geschmack als Emmentaler. Der Fonduekäse!
Mozzarella: Weißer, leicht säuerlicher Weichkäse aus Italien. Verträgt keinen Wein, kann nur zu mit Milch gekochten Fondues verwendet werden. Vorsichtig erhitzen!
Provolone: In Schnüre eingebundener italienischer Schnittkäse mit goldgelb-brauner Rinde und weißgelbem Teig. Jung schmeckt er süß und butterartig, gereift pikant bis scharf. Für Fondues sollte man ihn mit Greyerzer oder Emmentaler mischen.
Samsø: Dänischer Schnittkäse, großlöchrig, von nußartigem Geschmack. Frischer Samsø ist recht mild, gereifter entsprechend schärfer. Schmilzt gut und ist ähnlich wie Emmentaler zur Fondue zu verwenden.
Tilsiter: Fester Schnittkäse von goldgelber Farbe mit winzigen Löchern. Der bekannteste Käse deutscher Lande. Von herbem, leicht säuerlichem Geschmack, äußerst appetitanregend. Reifer Tilsiter eignet sich ausgezeichnet für eine rassige Fondue. Er braucht nicht mit anderen Sorten gemischt zu werden.
Vacherin à Fondue: Nicht zu verwechseln mit dem flachen, tortenartigen, rahmigen Butterkäse gleichen Namens, der in den Wintermonaten in Spanschachteln verkauft wird. Der Vacherin à Fondue (auch Freiburger Vacherin) ist viel dicker, braucht zur Reife 3 Monate und wird zur Freiburger Fondue gebraucht. Er darf nicht kochen.
Velveta: Schmelzkäse-Marke, in drei Fettstufen erhältlich. Aus ihm läßt sich, rein oder gemischt, kinderleicht eine Fondue herstellen.
Walliser (Gomser, Bagnes): Käse aus den Schweizer Hochalpen. Sehr weichschnittig, da recht fett. Sein Aroma ist blumig, reich und rahmig. Er ist der ideale Raclettekäse (siehe Rezept Seite 30), läßt sich aber auch als Zusatz zu Fondues verwenden.

Die Ölfondue

Erforderlich sind: ein kräftiges Rechaud mit Spiritus- oder Gasbrenner • ein Spezialtopf aus Edelstahl, Emaille, Kupfer oder Eisen (mit dünner Emailleschicht überzogen), der nach oben enger wird; Fett spritzt gerne, deshalb diese Verengung. Vorzugsweise kaufen sollte man Töpfe mit Deckelmanschetten, sogenannten Gabelhaltern, Gourmetdeckeln oder Spritzkragen • pro Person zwei Gabeln: eine Spezialgabel zum Braten im Fett, sie hat an den Zinken kleine Widerhaken, eine normale zum Dippen und Essen • Teller, eventuell Spezialteller mit Unterteilung für die verschiedenen Dips, Saucen oder Beilagen • verschiedene Schälchen für Saucen, Dips und

Beilagen oder ein Fondue-Butler (Fondue-Karussell): hier steht das Rechaud unbeweglich in der Mitte einer drehbaren Platte, auf oder an der Schälchen für Dips angebracht sind, so daß man sich das Gewünschte nur herbeizudrehen braucht • ein derbes Holzbrett für das Fleisch • Keramik- oder Porzellanplatten für den Fisch • ein Brotkorb • ein Schaumlöffel oder ein Siebchen, um Verlorenes wiederzufinden.

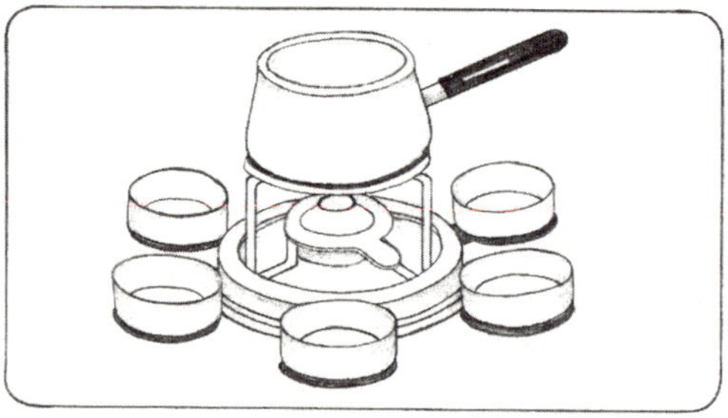

Im drehbaren Fondue-Butler und Fonduekarussell sind Saucen und Dips leicht für jeden erreichbar.

Unser Tip für Ungeübte: Um das Rechaud mit Brenner kommen Sie nicht herum. Für die erste Ölfondue kann ein Kochtopf verwendet werden, aber nie eine Käsefondue-Caquelon, da dieser durch die Hitze des Öls platzen kann. Stecken Sie das Bratfleisch auf hölzerne Schaschlikspießchen, die dann weggeworfen werden. Die Saucen und Dips verteilt man auf vorhandene Schälchen und nimmt normale Teller.

Die Fondue chinoise

Erforderlich sind: ein Rechaud mit Spiritus- oder Gasbrenner • ein flacherer, offener emaillierter oder Kupfertopf • chinesische Eßstäbchen oder Gabeln mit Widerhaken an den Zinken • chinesische Messingsiebchen • Teller mit Unterteilung für Saucen, Dips und Beilagen oder • normale Teller und verschiedene Schälchen oder • ein Fondue-Karussell (siehe nebenstehende Zeichnung) wie für die Ölfondue • ein Schaumlöffel, um Gemüse oder Verlorengegangenes herauszufischen • ein Holzbrett für das Fleisch • Keramik- oder Porzellanplatten für Fisch- und Meerestiere • Tassen für die Brühe.

Unser Tip für Ungeübte: Die Brühe in einem normalen Topf zubereiten und auf das Rechaud zum Weiterkochen stellen. Fleisch und Fisch mit Holzspießchen oder Gabeln vom Eßbesteck eintauchen.

Wer der Fondue chinoise ganz besonders viel Geschmack und Spaß abgewinnt und sich an den Umgang mit Eßstäbchen (einen Grundkurs dafür finden Sie auf Seite 44) gewöhnt hat, sollte doch nach einem Original-Feuertopf Ausschau halten, der, wenn man ihn im Preisvergleich betrachtet, nicht teuer

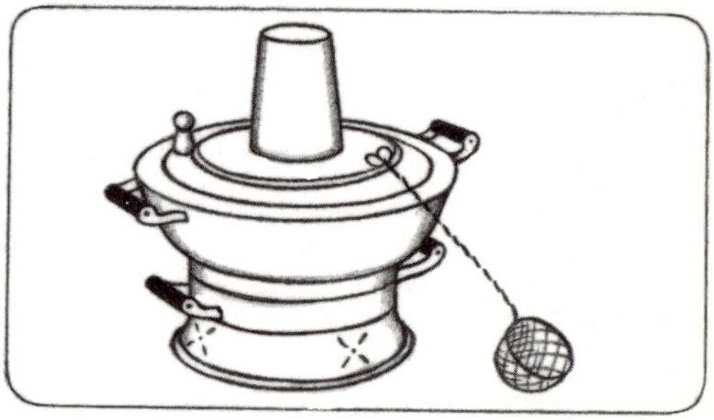

Original chinesischer Feuertopf, mit Holzkohle beheizt und mit Brühenwanne um den Schornstein.

ist. Diese Feuertöpfe sind aus poliertem Messing mit einem hohen Schornstein in der Mitte, mit Feuer im Inneren – sei es glühende Holzkohle oder Hartspiritus. Bei Holzkohlenfeuerung wird die Holzkohle mit Spiritus angezündet und erst in den Feuertopf geschoben, wenn sich weiße Asche gebildet hat. Der »Topf« ist eine um den Schornstein laufende festgefügte Wanne. Inzwischen werden auch Feuertöpfe in Abwandlungen in Europa hergestellt, leider sehr teuer, da aus Kupfer und möglichst innen noch versilbert. Heizkörper und Topf sind hierbei ähnlich wie Rechaud und Fonduetopf zu trennen. Die Beheizung geht von Holzkohle bis Elektrospirale. Nachdem bei uns die Neigung groß ist, alles zu veramerikanisieren, werden die Feuertöpfe häufig unter »Hot-Pot« angeboten. Diese Bemerkung müssen wir hier machen, da nicht jeder Verkäufer weiß, was ein Original-Feuertopf ist, aber seinen Hot-Pot kennt.

Auf alle Fälle sei noch jedem geraten, einige China-Messingsiebchen, auch Drahtlöffel genannt, zu kaufen, denn Gemüse und Nudeln lassen sich darin besonders leicht sieden.

Alles über Fonduefleisch

Sowohl Rind wie auch Lamm, Wild und Geflügel eignen sich für das Braten im Fett- oder Brühentopf. Doch das Fleisch muß möglichst zart, abgehangen, fett- und sehnenlos sein, damit das Kurzgebratene ein echter Genuß wird. Wenn auch etwas teuer, so geht man doch am sichersten bei Rind, Lamm und Wild mit dem Filetstück, mit Lende oder ausgelöstem Rücken. Diese edlen Fleischteile können sowohl gewürfelt wie fein aufgeschnitten verwendet werden; alle anderen müssen immer hauchdünn geschnitten sein, und das macht man so:

Das Fleisch für einige Stunden in das Gefriergerät legen, aber nicht durch und durch, sondern nur anfrieren lassen. Dann mit der Brot- oder Wurstmaschine hauchdünn aufschneiden. Nimmt man tiefgefrorenes Fleisch so muß dieses entsprechend antauen, bevor es aufgeschnitten wird.

Lassen wir uns das Fleisch vom Metzger, Fleischer oder Schlachter für die Fondue schneiden, so passen wir auf, daß auch bestimmt das gewünschte Stück aufgeschnitten wird.

Zusätzlich ist wichtig, daß die dünnen Fleischscheibchen jeweils durch Papierzwischenlagen getrennt werden, damit sie sich leicht auseinander nehmen und hübsch anrichten lassen. Auch Sie sollten beim Selbstaufschneiden Trennpapier dazwischen geben oder die Scheibchen sofort anrichten.

Fleischscheibchen drehen wir um die Fonduegabel, Fleischwürfel werden einfach nur aufgespießt und dann im heißen Fett gebraten. Für beide Arten ist es gut, Fleischfonduegabeln zu nehmen, die kleine Zacken haben und dem Fleisch mehr Halt geben – es geht nicht so leicht im gemeinsamen Brattopf verloren.

Fleischwürfel sollten Sie so vorbereiten: Am Tage vor der Fonduerunde eine Schüssel mit Zwiebelscheiben auslegen. Die Fleischwürfel mit etwas Öl begießen. Mit Pfefferkörnern und Majoransträußchen auf das Zwiebelbett legen, mit weiteren Zwiebelringen bedecken. Die Schüssel mit Alu- oder Klarsichtfolie verschließen und mindestens über Nacht kalt gestellt durchziehen lassen. Anderentags die Fleischwürfel vor dem Braten gut mit Küchenpapier abtrocknen.

Vom Geflügel eignet sich das Brustfleisch, das wir entweder selbst ablösen oder vom Hähnchen und Puter als Schnitzel oder Filet (keine ganz korrekte, aber die gebräuchliche Bezeichnung) kaufen. Da alles Geflügel sehr eiweißhaltig ist, braten oder sieden wir nur kurz, sonst wird es hart und trocken. Ähnlich verhält sich auch Kalbfleisch.

Da Schweinefleisch aus gesundheitlichen Gründen immer durchgebraten sein muß, ist es für den Fett-Topf nicht sonderlich geeignet. Das Garen dauert zu lange bei Tisch. Mit fein aufgeschnittenen Filetscheiben kann man es riskieren, aber alles andere Schweinefleisch bleibt so gummiartig fest, daß man sich nur daran verschlucken kann.

Was alles auf dem Tisch stehen darf

- Salz, Pfeffer, Paprika (Rosenpaprika bitte) und Chilipulver zum Würzen nach dem Braten. Das heiße Fleisch nimmt die Gewürze sofort auf.
- Auf Schüsselchen verteilt: Cornichons, schwarze und grüne Oliven, geraspelter Sellerie, feingehackte Zwiebeln, Perlzwiebelchen, geriebene Erdnüsse, Preiselbeeren, Radieschen, frischer, geriebener Meerrettich, eingelegte Paprikaschoten, scharfe Peperoni, Essigbirnen, Mixed Pickles, Senfgemüse, Chutneys, Relishes, Saucen und Dips.

Bekommen Sie keinen Schreck, aus der angebotenen Fülle wählen Sie nur einiges aus: es sollte immer *etwas Scharfes, etwas Süßsaures, etwas Frisches, etwas Mildes und etwas Knackiges oder Knuspriges* sein. Besonders erfolgreich ist natürlich Selbstgemachtes! Und vor geübten Fondue-Essern bestehen Sie erst ab vier verschiedenen Saucen. Auswahl finden Sie auf den Seiten 59–70.

Fische und Meerestiere für die Fondue

Da wir für die Fischfondue kleine Stücke benötigen, müssen wir die Fischarten kennen, die festfleischig sind und sich für das Aufspießen und Garen an einer Gabel eignen: Aal, Seezunge, Scholle, Heilbutt, schwarzer Heilbutt, Steinbutt, frischer Thunfisch, Schwertfisch, Dornhai, Loup de mer (Steinbeißer), Lotte (Seeteufel), Mulet (Meeräsche).

Von den Krustentieren nehmen wir die Sorten, die als Scampi, Shrimps, Langostinos, Kaisergranat oder Hummerkrabben angeboten werden. Man serviert sie roh, frisch oder aufgetaut. Im Fonduesud sind sie je nach Größe in 2–5 Minuten gar.

Aus der Muschelfamilie bietet man gekochte, ausgelöste Miesmuscheln oder Scheiben von rohen Jakobsmuscheln an.

Zu Ölfondues verwendet man tiefgefrorene Fischstäbchen und Fischcrusties unaufgetaut. Auch Krustentiere und Tintenfisch lassen sich in Öl braten.

Vergessen Sie nicht, nochmals »Was alles auf dem Tisch stehen darf« (links) zu lesen; es gehört dazu.

Grundsätzliches für Fondueköche

Käsefondue: Vorsicht bei der Verwendung von Käse-Randstücken. Sie dürfen höchstens ⅓ der Käsemenge ausmachen, da sonst der Geschmack zu scharf wird. • Kräuter gibt man frisch bei Tisch in die Käsemasse, getrocknete immer nur pulverisiert. Vorsicht bei der Dosierung! • Man kann der Käsemasse eine kräftigere Farbe geben, wenn man etwas aufgelösten Safran oder Kurkuma (Turmeric) dazurührt. Beide Gewürze dürfen aber nicht durchschmecken.

Öl-Fett-Fondue: Gewürzt werden Fleisch und Fisch immer erst nach dem Stippen. Das heiße Fleisch nimmt – wie beim Grillen – die Gewürze sofort auf. Salz würde das Fleisch Wasser ziehen und das Fett spritzen lassen, Pfeffer es verunreinigen. Getrocknete oder frische Kräuter fallen im Fett ab und verbrennen. Das riecht und schmeckt brandig.

Brühefondue: Getrocknete Kräuter immer mitkochen lassen; frische erst bei Tisch zur Brühe geben oder zum Stippen hinstellen. Hier darf vor dem Stippen gewürzt werden; dadurch wird die Brühe immer kräftiger.

Herzhafte Käsefondues

»Fondue schmeckt gut und schenkt gute Laune«, diese Übersetzung des schwyzerdütschen Slogans »Fondue isch guet und git e gueti Luune« trifft die Stimmung genau.

Zu einer Käsefondue läßt sich gut einladen, da man mit einem Minimum an Vorbereitungsaufwand ein Maximum an Gastlichkeit erreichen kann, an der auch die Hausfrau voll teilhat, denn sie muß nicht pausenlos in die Küche laufen. Der Tisch wird gedeckt, der Caquelon mit dem schon geschmolzenen Käse auf das Rechaud gestellt und dann sind alle zwei Stunden lang beschäftigt: mit Brottauchen, Käse-um-das-Brot-wickeln, Essen.

Das Brot darf selbst geschnitten, der Wein entkorkt, Kirschwasser nachgefüllt werden, und auf die Rechaudflamme muß man aufpassen. Das ist sehr wichtig, denn der Käsebrei soll immer leise kochen. Beim Broteintauchen rührt man den Käse jedesmal gut durch, so bleibt die Fondue bis zum Schluß schön sämig. Geht der Käse dem Ende zu, bildet sich auf dem Boden des Caquelons eine braune Kruste, die bei uns der Ehrengast bekommt. Sind wir nur Familie, wird darum geknobelt. Man nimmt den Caquelon vom Feuer und löst die Kruste mit der Gabel.

Wir rechnen pro Person 200 g Brot (meist Weißbrot) mit möglichst viel Kruste und schneiden es so in bißgroße Würfel, daß jeder Würfel ein Stückchen Kruste behält. Daran läßt sich der Brotwürfel fest mit der Gabel aufspießen und geht nicht in der Fondue verloren, während man ihn durch Drehen umwickelt und gleichzeitig die Käsemasse umrührt. Der Bissen wird dann unter Drehen – damit der Käse nicht tropft – zum Mund geführt. Vorsicht – der Käse ist sehr heiß!

Für den Kochwein gilt die Faustregel: Ein Wein von höherem Säuregehalt bindet den Käse besser als ein süßer. Besonders gut eignen sich Schweizer Weißweine: Neuenburger (Neuchâtel), Weine vom Bieler- und vom Murtensee, vom Zürichsee und vom Genfer See sowie Fendant. Ein guter Apfelwein paßt ebenfalls vorzüglich. Kennt man den Säuregrad nicht so genau, schadet es nie, den Saft von ½ Zitrone zum Wein zu geben. Da Schweizer Weine bei uns recht teuer sind, empfehlen wir trockene deutsche, französische und italienische Weißweine, die im Handel als Zech-, Kneip-, Tisch- oder Schoppenwein gekennzeichnet sind. Einige Beispiele: ein Riesling von der Nahe wie der Kreuznacher Breitenweg, ein Riesling von der Mosel wie Graacher Himmelreich, ein Edelzwicker aus dem Elsaß, ein Blanc de Blancs aus dem Bordeaux, ein Soave Classico aus Venetien, ein Corvo Bianco aus Sizilien.

Die Käsesorten, mit denen Sie eine Fondue zubereiten und mischen können, haben wir auf Seite 8 zusammengefaßt.

Ein Kirschwasser oder etwas anderes Gebranntes, womit wir die Fondue zubereitet haben, servieren wir in Miniaturcaquelons, die extra für diesen Zweck erdacht worden sind. Der traditionelle Kirschwasserschluck heißt »Le coup du milieu« und sagt uns klar, daß er gekippt werden darf, wenn der Caquelon zur Hälfte geleert ist.

Getrunken wird zur Fondue nichts oder heißer schwarzer Tee oder der gleiche Wein, mit dem die Fondue gekocht wurde. Diese Reihenfolge haben wir bewußt so gewählt, weil viele Leute den Wein zur Fondue mit Magendrücken bezahlen müssen, selbst wenn er temperiert und nicht zu kalt serviert wird. Wer einen sehr stabilen Magen hat: Wein schmeckt schon am besten dazu.

Beginnen wir mit dem grundsätzlichen Rezept. Wenn Sie es begriffen haben, können Sie alle anderen im Schlaf zubereiten.

Käsefondue nach Neuenburger Art

Grundrezept
Bild Seite 17

Zutaten für 4 Portionen:
400 g Greyerzer Käse · 200 g Emmentaler Käse · 1 Knoblauchzehe · 0,3 l spritziger Weißwein (am besten aus Neuchâtel = Neuenburg) · 1 Teel. Zitronensaft · 4 gestrichene Teel. Speisestärke · 1–2 Eßl. Wasser · 1 Gläschen Kirschwasser (2 cl) · 2–3 Drehungen Pfeffer aus der Mühle · eventuell etwas geriebene Muskatnuß
Pro Portion: 4 Scheiben Weißbrot

- Vorbereitungszeit: 40 Minuten

So wird's gemacht: Die beiden Käsesorten raspeln oder reiben und mischen (Greyerzer allein wäre zu herb, Emmentaler allein zu mild). Den Caquelon mit der angeschnittenen Knoblauchzehe ausreiben. • Den Wein und den Zitronensaft hineingeben und warm werden lassen. Dann den Käse zufügen und rühren. Das gibt zunächst einen festen Kloß, bis der Käse zu schmelzen beginnt. Unter kräftigem Rühren zum Kochen bringen. • Die Speisestärke mit dem Wasser glattrühren, in die Käsemasse geben und wiederum aufkochen. Das geschieht in der Küche auf der Elektroplatte oder dem Gasherd. Der Zitronensaft ist wichtig, um dem Wein die nötige Säure zu geben, denn die Säure bewirkt, daß der Käse sich auflöst. Mit einem Holzlöffel in Form einer Acht rühren, so wird der Kreis immer wieder unterbrochen und der Käse kann keine Fäden ziehen. • Das Kirschwasser dazugießen, mit Pfeffer und eventuell mit Muskatnuß würzen und nach kurzem Kochen, wenn die Masse gleichmäßig glatt und cremig geworden ist, mit dem Caquelon zum Brenner auf den Tisch umziehen, wo die Fondue immer weiterköcheln muß.

So schmeckt's am besten: Man spießt einen Brotwürfel auf die Gabel, tunkt ihn in den Caquelon, rührt um, wickelt dabei Käsemasse auf und führt den Bissen unter Drehbewegungen – damit der Käse nicht tropft – zum Mund. Vorsicht, der Käse ist heiß!

Wichtig: Beim Broteintauchen rührt der Fondue-Esser den Käse jedesmals gut um – so bleibt die Fondue bis zum Schluß sämig.

Anmerkung: Wer für den Käse eine elektrische Reibe benutzt oder gar geriebenen Käse kauft, der darf von den angegebenen Vorbereitungszeiten 10–15 Minuten abziehen.

Gomser oder Walliser Fondue

Der Gomser ist ein typischer Bergkäse aus dem Wallis, diese alkoholfreie Fondue ein deftiges, fast bäuerliches Abendessen.

Zutaten für 4 Portionen:
600 g Gomser Käse · 1 Knoblauchzehe · 1 gestrichener Eßl. Mehl · 1 Eßl. Butter · ½ l Milch · frisch gemahlener Pfeffer · geriebene Muskatnuß

- Vorbereitungszeit: 35 Minuten

So wird's gemacht: Den Käse in Streifen schneiden. Den Caquelon mit der angeschnittenen Knoblauchzehe ausreiben. • Das Mehl im Caquelon in der Butter hellgelb werden lassen, vom Herd nehmen und die Milch unter kräftigem Schlagen mit dem Schneebesen dazugießen. Dann gute 5 Minuten unter weiterem Umrühren zu einer Art dünner weißer Sauce köcheln lassen. • Den Käse dazugeben und unter kräftigem Rühren zum Schmelzen und Kochen bringen. Mit frischgemahlenem Pfeffer und Muskat würzen.

So schmeckt's am besten: mit kleinen Stükken von Graham- oder anderen frischen Vollkornbrötchen.

Luzerner Fondue

Zutaten für 4 Portionen
360 g Greyerzer Käse · 240 g Innerschweizer Alpkäse · 1 Knoblauchzehe · 0,3 l spritziger trockener Weißwein · 1 Teel. Zitronensaft · 4 gestrichene Teel. Speisestärke · 1 Eßl. Wasser · 1 Gläschen Kirschwasser (2 cl) · 2 Eßl. frisch gehackte Kräuter (Estragon, Liebstöckel, Wermut)

- Vorbereitungszeit: 40–45 Minuten

So wird's gemacht: Die beiden Käsesorten raspeln oder reiben und mischen. Den Caquelon mit der halbierten Knoblauchzehe ausreiben. • Den Wein und den Zitronensaft hineingeben und lauwarm werden lassen. Dann den Käse zufügen und rühren. Das klumpt zunächst, bis sich der Käse zu lösen beginnt. Unter kräftigem Rühren aufkochen. Die Speisestärke mit dem Wasser verrühren, unter die Käsemasse geben. Dabei immer in Form einer Acht rühren, damit der Käse keine Fäden ziehen kann. • Ist die Masse cremig geworden, das Kirschwasser einrühren. Die Kräuter in Küchenkrepp leicht ausdrücken und erst einrühren, wenn gegessen wird.

So schmeckt's am besten: Neben den Brotstückchen auch Brätkügeli (rohe Bratwurst kugelförmig aus dem Wurstdarm drücken und kurz in siedendem Wasser ziehen lassen) dazu servieren.

Unser Tip Sind keine frischen Kräuter zur Hand, 2 Teelöffel getrocknete mit der Speisestärke an die Fondue geben.

Bauernfondue

Zutaten für 4 Portionen:
200 g Emmentaler Käse · 200 g Greyerzer Käse · 200 g junger scharfer Bergkäse · 1 Knoblauchzehe · 0,3 l trockener Weißwein · 1 Teel. Zitronensaft · 4 gestrichene Teel. Speisestärke · 1 Eßl. Wasser · 1 Gläschen Zwetschgenwasser (2 cl) · frisch gemahlener Pfeffer · 50 g durchwachsener Speck

- Vorbereitungszeit: 40 Minuten

So wird's gemacht: Die Käsesorten raspeln oder reiben und mischen. Den Caquelon mit der halbierten Knoblauchzehe ausreiben. • Den Wein und den Zitronensaft hineingeben

Die Käsefondue nach Neuenburger Art ist die Urform dieses feinen Käseessens. Alle Käsefondues gelingen, wenn Sie das Grundrezept beherrschen. Rezept Seite 14. ▷

und lauwarm werden lassen. Dann den Käse zufügen und rühren. Zunächst bildet sich ein fester Kloß, bis sich der Käse zu lösen beginnt. Unter kräftigem Rühren aufkochen. Die Speisestärke mit dem Wasser glattrühren und unter die Käsemasse geben. Dabei immer in Form einer Acht rühren, damit der Käse keine Fäden ziehen kann. • Ist die Masse cremig geworden, das Zwetschgenwasser einrühren und pfeffern. Den Speck in Würfelchen schneiden und in der Pfanne knusprig braten. Unter die fertige Käsemasse ziehen.

So schmeckt's am besten: aufgetunkt mit Würfeln von Sauerteigbroten.

Glarner Fondue

Schabziger, der grüne Würzkäse aus der Schweiz, macht sie besonders pikant.

Zutaten für 4 Portionen:
2 Eßl. Butter · 2 gestrichene Eßl. Mehl · ¼–⅜ l Milch · 1 Prise Salz · 200 g Greyerzer Käse · 4 gestrichene Eßl. geriebener Schabziger Käse · 0,1 l Weißwein · frisch gemahlener weißer Pfeffer

● Vorbereitungszeit: 40 Minuten

So wird's gemacht: Die Butter in einem Topf schmelzen lassen, das Mehl zugeben und unter ständigem Rühren langsam mit der Milch aufgießen, salzen. Zu einer dicken Sauce einkochen. • Die Sauce in den Caquelon geben und wieder aufkochen. Den Greyerzer reiben, einrühren und schmelzen lassen. Den Schabziger zusammen mit dem Wein in kleinen Portionen unterrühren. Sparsam pfeffern. • Während des Essens nur noch auf kleiner Rechaudflamme warm halten.

So schmeckt's am besten: mit Würfeln von geröstetem Toastbrot.

Waadtländer Fondue

Zutaten für 4 Portionen:
600 g Greyerzer Käse in verschiedenen Reifegraden · 1 Knoblauchzehe · etwas Butter · ¼–⅜ l Waadtländer Wein (La Côte oder Dorin) oder notfalls anderer Weißwein · 1 Teel. Zitronensaft · 4 gestrichene Teel. Speisestärke · 1 Gläschen Kirschwasser (2 cl) · geriebene Muskatnuß · frisch gemahlener Pfeffer

● Vorbereitungszeit: 40 Minuten

So wird's gemacht: Den Käse raspeln. Die Knoblauchzehe feinschneiden und in etwas Butter im Caquelon anrösten. Den Wein, den Zitronensaft und den Käse dazugeben. Unter Rühren aufkochen lassen. • Die Kartoffelstärke mit dem Kirschwasser glattrühren und in die kochende Fondue gießen. Mit Muskat und Pfeffer würzen. Nochmals kräftig aufkochen lassen. Diese Fondue darf etwas dünnflüssiger sein.

So schmeckt's am besten: Stangenweißbrot mit viel Kruste dazu reichen.

Anmerkung: Nicht Wein und Schnaps in der Fondue machen uns fahruntüchtig, sondern der zur Fondue zuviel getrunkene Alkohol. Wein verliert beim Kochen nach 5 Minuten seine Alkoholprozente; das Aroma bleibt.

GRUYERE
Châtenay

◁ Die Bierfondue bringt einen neuen Geschmack in die Käseversammlung. Sie soll aus Manhattan stammen, doch dort verlegt man sie nach Bayern. Rezept unten.

Parmentier-Fondue

Antoine Parmentier, ein französischer Apotheker, ging als der Erfinder der Kartoffelsuppe in die Kochgeschichte ein. Bei dieser Fondue wird mit Kartoffeln statt Brot gestippt.

Zutaten für 4 Portionen:
400 g Greyerzer Käse · 200 g Emmentaler Käse · 1 Knoblauchzehe · 0,3 l spritziger Weißwein · 1 Teel. Zitronensaft · 4 gestrichene Teel. Speisestärke · 1 Eßl. Wasser · 1 Teel. Kümmelkörner oder 1 Messerspitze gemahlener Kümmel · 1 Gläschen Wodka (2 cl) · frisch gemahlener Pfeffer · 1 kg frisch gekochte Pellkartoffeln

● Vorbereitungszeit: 45 Minuten

So wird's gemacht: Die beiden Käsesorten raspeln oder reiben und mischen. Den Caquelon mit der halbierten Knoblauchzehe ausreiben. • Den Wein und den Zitronensaft hineingeben und lauwarm werden lassen. Dann die Käsesorten zufügen und rühren. Das klumpt zunächst, bis sich der Käse zu lösen beginnt. Unter kräftigem Rühren aufkochen. Die Speisestärke mit dem Wasser glattrühren, zusammen mit dem Kümmel unter die Käsemasse geben und wieder aufkochen. Dabei immer in Form einer Acht rühren, damit der Käse keine Fäden ziehen kann. • Ist die Masse cremig geworden, den Wodka einrühren und mit Pfeffer übermahlen. Die Pellkartoffeln schälen, würfeln und mit der Gabel in den Käsebrei stippen.

Unser Tip Kleine Salatkartoffeln verwenden und diese nicht abziehen, sondern nur mit der Schale halbieren. Die Schale nochmals einritzen; so kann mehr Käse hängenbleiben.

So schmeckts' am besten: Zusätzlich kleine Würfel von Leberkäse (Fleischkäse) oder Bierschinken anbieten.

Bierfondue

Bild gegenüber

Diese Fondue wird in Deutschland nach Manhattan verlegt, in den USA jedoch als »Bavarian Fondue« bezeichnet.

Zutaten für 4 Portionen:
¼ l Pils · ⅛ l Altbier · 600 g Chesterkäse · 1 gestrichener Eßl. Speisestärke · 2 Eßl. Wasser · 1 Eßl. Zitronensaft · frisch gemahlener Pfeffer · 1 Gläschen Steinhäger (2 cl)

● Vorbereitungszeit: 20 Minuten

So wird's gemacht: Das Bier unter Rühren zum Kochen bringen, den Käse würfeln und nach und nach dazugeben. Rühren, bis er geschmolzen ist. • Die Speisestärke im Wasser glattrühren, mit dem Zitronensaft in den Käsebrei einrühren und aufkochen lassen. • Die dickliche Fondue aufs Rechaud stellen, pfeffern und den Steinhäger angießen.

So schmeckt's am besten: mit kleinen Roggenbrotstücken auf der Gabel oder mit Stückchen von Laugenbrezeln.

Pussyfoot-Fondue

Diese Käsefondue ist so richtig für einen Kindergeburtstag geeignet oder um Kinder an Fondue zu gewöhnen. Erwachsene können die Pussyfoot-Fondue auch mit Apfelwein zubereiten, obwohl sie in der Prohibitionszeit in Amerika entwickelt wurde.

Zutaten für 4 Portionen:
1 Knoblauchzehe · ¼ l Apfelsaft · 250 g Greyerzer Käse · 250 g Emmentaler Käse · 1 gestrichener Eßl. Speisestärke · 4 Eßl. Zitronensaft · 1 Messerspitze Edelsüßpaprika · geriebene Muskatnuß

- Vorbereitungszeit: 35 Minuten

So wird's gemacht: Den Caquelon mit der halbierten Knoblauchzehe ausreiben, den Apfelsaft hineingeben und bei milder Hitze erwärmen. • Den Käse raspeln. Wenn die ersten Blasen beim Saft aufsteigen, den geraspelten Käse handvollweise dazugeben. Rühren, bis der Käse geschmolzen ist. Die Speisestärke im Zitronensaft anrühren, dazugießen und gut mischen. Mit Paprika und Muskatnuß würzen; dick kochen lassen. • Den Caquelon auf das Rechaud stellen. Wird die Fondue während des Essens zu dick, löffelweise Apfelsaft nachgießen.

So schmeckt's am besten: mit Würfeln von Stangenweißbrot.

Roquefortfondue

Eine Fondue, die mit Messer und Gabel auf dem Teller gegessen wird.

Zutaten für 4 Portionen:
50 g Butter · 0,3 l Weißwein · 1 Gläschen Cognac (2 cl) · 500 g Roquefort- oder anderer Edelpilzkäse · 200 g Briekäse · ½ Teel. Selleriesamen (gemahlene Selleriesaat) · ½ Teel. gemahlene Muskatblüte · frisch gemahlener Pfeffer

- Vorbereitungszeit: 25 Minuten

So wird's gemacht: Die Butter zusammen mit dem Wein und dem Cognac im Caquelon erhitzen, bis die Butter geschmolzen ist. • Den Roquefort- und den Briekäse in Bröckchen brechen und dazugeben. So erhitzen, daß der Käse schmilzt; er soll nicht kochen. Würzen. • Auf eine Warmhalteplatte oder auf die schwächste Flamme des Spiritusbrenners stellen.

So schmeckt's am besten: über Blinis (kleine Hefepfannkuchen) oder über Scheiben von Speck- und Zwiebelbrot gegossen.

Variante: Bißfest gekochte Blumenkohlröschen mit der Fondue übergießen.

Freiburger Fondue

Auch die Schweizer haben eine Fondue ohne Wein.

Zutaten für 4 Portionen:
800 g vollreifer Vacherin à Fondue (Freiburger Vacherin-Käse, siehe Seite 9) · 1 Knoblauchzehe · etwas Butter · 4 Eßl. warmes Wasser · eventuell etwas Speisestärke · frisch gemahlener Pfeffer · Salz

- Vorbereitungszeit: 30 Minuten

So wird's gemacht: Den Käse in kleine Stückchen oder feine Scheibchen schneiden. Den Caquelon gut mit der halbierten Knoblauchzehe ausreiben und mit Butter einfetten. • Den Käse und das gut warme Wasser hineingeben. Auf kleiner Hitze den Käse mit der Gabel zerdrücken und dabei vorsichtig zu Creme rühren. Darf auf keinen Fall kochen! Sollte die Mischung doch kochen, mit ein wenig in Wasser angerührter Speisestärke wieder binden. Wird die Creme zu dick, löffelweise warmes Wasser hinzufügen. Mit Pfeffer und ganz wenig Salz würzen. • Auf der Warmhalteplatte servieren.

So schmeckt's am besten: ausgetunkt mit Bauernbrot.

Unser Tip Wir tunken diese Fondue manchmal mit Brot aus, das wir kurz in Zwetschgenwasser stippen. Kurz! Nicht vollsaugen lassen.

Ostschweizer Fondue

Noch eine Fondue, die mit Vacherin à Fondue (siehe Seite 9) zubereitet wird.

Zutaten für 4 Portionen:
1 Knoblauchzehe · 200 g Appenzeller Käse · 200 g Emmentaler Käse · ¼ l trockener Cidre (Apfelwein) · 1 Teel. Zitronensaft · 2 gestrichene Teel. Speisestärke · 200 g Vacherin à Fondue (Freiburger Vacherin-Käse) · 1 Gläschen Kirschwasser (2 cl)

- Vorbereitungszeit: 30 Minuten

So wird's gemacht: Den Caquelon mit der halbierten Knoblauchzehe ausreiben. Den Appenzeller und den Emmentaler Käse grob zerkleinern. • Den Käse mit dem Apfelwein und dem Zitronensaft in den Caquelon geben. Langsam aufkochen, damit der Käse gut schmilzt. Die Speisestärke in 2 Eßlöffeln Wein glattrühren, zufügen. • Ist die Creme schön glatt, den Vacherin raspeln und zusammen mit dem Kirschwasser einrühren. Der Vacherin soll nur schmelzen, nicht mehr kochen.

So schmeckt's am besten: mit kräftigen Bauernbrotbrocken.

Unser Tip Frische Walnußkerne eignen sich sowohl in der Form wie im Geschmack köstlich dazu, eine Käsefóndue auszutauchen.

Genfer Fondue

Zutaten für 4 Portionen:
10 g getrocknete Speisemorcheln · 1 Eßl. Butter · 400 g Greyerzer Käse · 3 gestrichene Teel. Speisestärke · 0,3 l trockener Weißwein, möglichst vom Genfer See · 1 Teel. Zitronensaft · 1 Gläschen Kirschwasser (2 cl) · frisch gemahlener weißer Pfeffer

● Vorbereitungszeit: 40 Minuten

So wird's gemacht: Die Morcheln für 5 Minuten in kaltes Wasser legen, sorgfältig waschen, in Stückchen schneiden, abtropfen lassen und 10 Minuten in der Butter erhitzen. • Den Käse raspeln und in den Caquelon geben. Die Speisestärke mit dem Wein und dem Zitronensaft verrühren, zum Käse geben und unter kräftigem Rühren aufkochen lassen. Mit einem Holzlöffel in Form einer Acht rühren; so kann der Käse keine Fäden ziehen, da der Kreis immer wieder unterbrochen wird. • Das Kirschwasser dazugießen. Mit Pfeffer würzen. Wenn die Masse gleichmäßig glatt und cremig ist, die Morcheln unterziehen.

So schmeckt's am besten: mit hellem Brot nach Schweizer Art.

Unser Tip Es lohnt sich, getrocknete Speisemorcheln zu kaufen. Die sogenannten China-Morcheln haben zu wenig Aroma.

Moité-Moité

Die folgende Fondue heißt auf Deutsch »Halbe-Halbe«.

Zutaten für 4 Portionen
300 g Greyerzer Käse · 1 Knoblauchzehe · 0,2 l Neuenburger Weißwein oder anderer spritziger Weißwein · 1 Teel. Zitronensaft · 2–3 gestrichene Teel. Speisestärke · 300 g Vacherin à Fondue (Freiburger Vacherin-Käse) · 1 Gläschen Kirschwasser (2 cl)

● Vorbereitungszeit: 35 Minuten

So wird's gemacht: Den Greyerzer Käse reiben. Den Caquelon gründlich mit der angeschnittenen Knoblauchzehe ausreiben. • Den Wein und den Zitronensaft im Caquelon erwärmen. Den Käse einrühren und aufkochen lassen. Mit der in wenig Wein angerührten Speisestärke binden. • Ist die Fondue glatt und sämig, den Vacherin auf einer Raspel spänen und zusammen mit dem Kirschwasser zufügen. Er soll nur noch schmelzen, nicht mehr kochen. Auch bei Tisch die Fondue nicht mehr köcheln lassen, sondern nur heiß halten.

So schmeckt's am besten: mit Bröckchen von krustigen Roggenbrötchen.

Sektfondue

Eine festliche Käsefondue für zwei.

Zutaten für 2 Portionen:
125 g Greyerzer Käse · 250 g Emmentaler Käse · ⅛ l trockener Weißwein · 1 Teel. Zitronensaft · 2 gestrichene Teel. Speisestärke · 1 Eßl. Wasser · 1 Piccoloflasche trockener Sekt · frisch gemahlener Pfeffer

● Vorbereitungszeit: 35 Minuten

So wird's gemacht: Die beiden Käsesorten raspeln oder reiben und mischen. • Den Wein und den Zitronensaft in den Caquelon geben und lauwarm werden lassen. Dann den Käse zufügen und rühren. Das gibt zunächst einen sehr festen Kloß, bis sich der Käse zu lösen beginnt. Unter kräftigem Rühren mit dem Holzlöffel aufkochen. Die Speisestärke mit dem Wasser glattrühren, unter die Käsemasse geben. Dabei immer in Form einer Acht rühren, damit der Käse keine Fäden ziehen kann. • Ist die Masse dick-cremig geworden, bei Tisch den Sekt hineinrühren. Auf dem Rechaud wieder erhitzen und mit Pfeffer übermahlen.

So schmeckt's am besten: aufgetunkt mit Weißbrotwürfeln und Spargelstückchen.

Unser Tip Gerade bei dieser durch das Sektmousseux gelockerten Fondue sollten Sie beim Stippen kräftig rühren.

Bananenfondue

Zutaten für 4 Portionen:
600 g Emmentaler Käse · 1 Knoblauchzehe · 0,3 l spritziger Weißwein · 4 gestrichene Teel. Speisestärke · 1 Teel. Zitronensaft · 2 Teel. Wasser · 1 Gläschen Kirschwasser (2 cl) · frisch gemahlener Pfeffer · eventuell geriebene Muskatnuß
Pro Portion: 2 Bananen, 2 Eßl. Corn-flakes

● Vorbereitungszeit: 40 Minuten

So wird's gemacht: Den Käse raspeln oder reiben. Den Caquelon mit der halbierten Knoblauchzehe ausreiben. • Den Wein hineingeben und lauwarm werden lassen. Dann den Käse zufügen und rühren. Das klumpt zunächst, bis sich der Käse zu lösen beginnt. Unter kräftigem Rühren aufkochen. Die Speisestärke mit dem Zitronensaft und dem Wasser glattrühren, unter die Käsemasse geben. Dabei immer mit einem Holzlöffel in Form einer Acht rühren, damit der Käse keine Fäden ziehen kann. • Ist die Masse cremig geworden, das Kirschwasser einrühren, mit Pfeffer und eventuell Muskat würzen. • Die Bananen in bißgroße Stücke schneiden. Die Corn-flakes zerbröseln und auf vier Schälchen verteilen. Jeweils 1 Bananenstück in den heißen Käsebrei tauchen, dann in die Cornflakes stippen.

So schmeckt's am besten: Jeden fertigen Bissen mit ganz wenig Lemonpepper oder noch weniger geriebener Zitronenschale nachwürzen.

Buttermilchfondue

Ein amerikanisches Rezept, einst für Teenager gedacht, heute mehr für Kinder geeignet.

Zutaten für 4 Portionen:
500 g Emmentaler Käse · 3 gestrichene Eßl. Speisestärke · ½ Teel. Salz · ¼ Teel. feingemahlener weißer Pfeffer · etwas geriebene Muskatnuß · knapp ½ l Buttermilch · 1 Knoblauchzehe

● Vorbereitungszeit: 35 Minuten

So wird's gemacht: Den Emmentaler Käse raspeln und mit der Speisestärke, dem Salz, dem Pfeffer und dem Muskat mischen. Die Knoblauchzehe schälen. • Im Caquelon die Buttermilch mit der Knoblauchzehe unter ständigem Rühren langsam erhitzen. Den Knoblauch wieder herausfischen. Eine Handvoll Käsemischung dazugeben, rühren, bis sie geschmolzen ist, und so fortfahren, bis aller Käse verbraucht ist.

So schmeckt's am besten: ausgetunkt mit Weißbrotwürfeln und Apfelstückchen.

Handkäsfondue

Zutaten für 4 Portionen:
1 Stück Speckschwarte · 1 Knoblauchzehe · 50 g fetter Speck · 600 g Sauermilchkäse (Typ Mainzer oder Harzer) · ¼ l Milch · ¼ l trockener Rheinhessenwein · 1 Teel. Zitronensaft · 1 gestrichener Eßl. Speisestärke · 1 Eßl. Weinbrand · frisch gemahlener Pfeffer

● Vorbereitungszeit: 40 Minuten

So wird's gemacht: Den Caquelon mit der Speckschwarte und der geschälten, halbierten Knoblauchzehe ausreiben. Den Knoblauch dann feinhacken, den Speck kleinwürfeln und beides zusammen in einem Topf anbraten. Den Käse kleinschneiden – der Kümmel kann ruhig daran bleiben. • Den Käse abwechselnd mit der Milch in den Topf auf dem Herd geben und unter Rühren schmelzen lassen. Den Wein und den Zitronensaft darangießen und aufkochen lassen. Die Fondue in den Caquelon umfüllen. • Die Kartoffelstärke mit dem Weinbrand glattrühren (vielleicht darf's auch ein Löffel Weinbrand mehr sein) und dazurühren. Die Fondue nochmals aufkochen lassen und kräftig pfeffern.

So schmeckt's am besten: mit Bauern- oder Vollkornbrot.

Zwiebelfondue

Bild Seite 27

Zutaten für 4 Portionen:
400 g Greyerzer Käse · 200 g Emmentaler Käse · 2 große Zwiebeln · 1 Knoblauchzehe · 0,3 l sehr trockener Weißwein · 1 Teel. Zitronensaft oder Knoblauchessig · 1 Eßl. Butter oder Margarine · 3 gestrichene Teel. Speisestärke · 2 Teel. Wasser · 1 Gläschen Weinbrand (2 cl) · frisch gemahlener Pfeffer

● Vorbereitungszeit: 40–45 Minuten

So wird's gemacht: Die beiden Käsesorten raspeln und mischen. Die Zwiebeln schälen und feinhacken. • Den Caquelon mit der halbierten Knoblauchzehe ausreiben. Den Wein und den Zitronensaft oder Knoblauchessig darin lauwarm werden lassen. Dann den Käse zufügen und rühren. Das klumpt zunächst, bis sich der Käse zu lösen beginnt. Langsam aufkochen lassen. • Inzwischen die Zwiebeln in der Butter oder Margarine glasig schmoren, nicht bräunen. Die Speisestärke mit dem Wasser glattrühren, unter die Käsemasse geben, wieder aufkochen und dabei in Form einer Acht rühren. • Ist die Masse cremig geworden, die Zwiebeln einrühren, dann den Weinbrand dazugießen und mit Pfeffer würzen.

So schmeckt's am besten: Neben deftigem Bauernbrot noch fingergliedgroße Stückchen von Wiener oder Frankfurter Würstchen eintauchen.

Varianten: Statt frisch geschmorter Zwiebeln Perlzwiebelchen mitkochen oder 2–3 Eßlöffel fertige Röstzwiebeln beim Anrichten unter die Fondue ziehen.

Dillfondue

Zutaten für 4 Portionen:
600 g Greyerzer Käse · 0,3 l Apfelwein · Zitronensaft · 3 gestrichene Teel. Speisestärke · 1 Teel. Aquavit · 1 gehäufter Eßl. gehackter, frischer oder 1 gestrichener Teel. getrockneter Dill · frisch gemahlener weißer Pfeffer · 300 g gekochte, ausgelöste Miesmuscheln · 300 g gekochte, ausgelöste Scampi oder Crevetten

- Vorbereitungszeit: 40 Minuten

So wird's gemacht: Den Käse raspeln oder reiben. Den Apfelwein und mit Zitronensaft im Caquelon lauwarm werden lassen. Dann den Käse zufügen und rühren, bis sich der Käse gelöst hat. Unter kräftigem Rühren aufkochen. • Die Speisestärke mit dem Aquavit und etwas Wasser glattrühren, unter die Käsemasse geben. Falls getrockneter Dill verwendet wird, diesen jetzt mit einrühren. Dabei immer in Form einer Acht rühren, damit der Käse keine Fäden ziehen kann. • Ist die Masse cremig geworden, den frischen Dill einrühren und mit Pfeffer übermahlen. Die Muscheln und Scampi oder Crevetten dekorativ anrichten.

So schmeckt's am besten: Muscheln und Scampi alleine oder zusammen mit Weißbrot aufgespießt in die Fondue tunken.

Unser Tip Wer keinen Aquavit zur Hand hat, nimmt einen klaren Korn oder Kümmel.

Fondue Hermitage

Eine Fondue, die ganz ohne Bindemittel gekocht wird.

Zutaten für 4 Portionen:
1 Knoblauchzehe · 0,4 l trockener, herber Weißwein · 1 nußgroßes Stück Butter · 200 g Walliser Bergkäse · 200 g Greyerzer Käse · 1 Gläschen Marc (Tresterschnaps) · frisch gemahlener weißer Pfeffer

- Vorbereitungszeit: 30 Minuten

Die Zwiebeln sorgen bei dieser würzigen Käsefondue für Abwechslung auf dem Gaumen. Wir mögen diese Zwiebelfondue besonders gerne. Rezept Seite 24. ▷

So wird's gemacht: Den Caquelon kräftig mit der angeschnittenen Knoblauchzehe ausreiben. Den Weißwein darin bis auf die Hälfte einkochen lassen. Die Butter dazugeben. Den Bergkäse in Scheibchen schneiden und den Greyerzer reiben. • In den eingekochten Wein geben und unter ständigem Rühren aufkochen lassen. Den Marc hineingießen und mit der Pfeffermühle darübergehen. Die Fondue auf dem Rechaud weiterköcheln lassen.

So schmeckt's am besten: mit Würfeln von Stangenweißbrot.

Unser Tip Einen Schneebesen bereitlegen, damit man ab und zu kräftig durchquirlen kann. Das ist bei dieser Fondue unerläßlich.

Fonduta Italiana

Für diese Fondue braucht man Fingerspitzengefühl, damit die Eier nicht gerinnen.

Zutaten für 4 Portionen:
300 g Provolonekäse · 300 g Rahmgorgonzolakäse · ¼ l Milch · 4 Eier · 1 Eßl. Butter · Salz · frisch gemahlener weißer Pfeffer

- Vorbereitungszeit: 30 Minuten
- Zeit zum Einlegen: 4 Stunden

So wird's gemacht: Den Käse feinschneiden und 4 Stunden in die Milch legen. • Die Eier schlagen. Den Käse aus der Milch nehmen, abtropfen lassen und zusammen mit den Eiern und der Butter unter Rühren ganz sanft erhitzen. Der Käse soll schmelzen, die Masse aber nicht kochen, da sonst die Eier gerinnen. Salzen und pfeffern. • Wenn das Ganze zu einer dicken Creme geworden ist, auf einer Warmhalteplatte (kein Rechaud!) auf den Tisch stellen und nur warm halten.

So schmeckt's am besten: aufgetunkt mit Weißbrotwürfeln und frischen, dicken Champignonscheiben.

Unser Tip Diese Fondue läßt sich am besten in einer Simmerkasserolle (Silit) oder im Wasserbadeinsatz der 3***-Fondue (Spring) zubereiten.

Spanische Fondue

Zutaten für 4 Portionen:
200 g Ziegenkäse · 400 g Emmentaler Käse · 1 Knoblauchzehe · 0,3 l kräftiger spanischer Rotwein (Rioja) · 1 Teel. Zitronensaft · 4 gestrichene Teel. Speisestärke · 1 Eßl. Wasser · frisch gemahlener Pfeffer · eventuell geriebene Muskatnuß
Pro Portion: 10 Oliven, gefüllt mit Paprika · 5 Oliven, gefüllt mit Mandeln · 5 Oliven, gefüllt mit Sardellen

- Vorbereitungszeit: 40 Minuten

So wird's gemacht: Die beiden Käsesorten raspeln oder reiben und mischen. Den Caquelon mit der halbierten Knoblauchzehe ausreiben. • Den Wein und den Zitronensaft hineingeben und lauwarm werden lassen. Dann den Käse zufügen und rühren. Das

GREYERZER
SWITZERLAND
GREYERLAND

◁ Wer es bunt liebt oder wenig Zeit hat, macht eine Würstchenfondue, hier mit Currysauce, Apfelsauce und Meerrettichdip angerichtet. Rezepte Seite 34, 60, 62, 66.

klumpt zunächst, bis sich der Käse zu lösen beginnt. Unter kräftigem Rühren zum Kochen bringen. Die Speisestärke mit dem Wasser glattrühren, unter die Käsemasse geben und aufkochen. Dabei immer in Form einer Acht rühren, damit der Käse keine Fäden ziehen kann. • Ist die Masse cremig geworden, mit Pfeffer und eventuell Muskat würzen. Die Oliven in Portionsschalen anrichten.

So schmeckt's am besten: Mit jeder Olive ein Stückchen dunkles, krustiges Roggenbrot aufspießen und in die Fondue tauchen.

Französische Käsefondue

Zutaten für 4 Portionen:
200 g Beaufortkäse · 200 g Greyerzer Käse · 100 g Cantalkäse · 2 gestrichene Eßl. Mehl · 1 Knoblauchzehe · ¼ l sehr trockener Weißwein (Chablis oder Sancerre) · Salz · frisch gemahlener Pfeffer · 1½ Eßl. Butter · 4 Eßl. Sahne · 1 Gläschen Kirschwasser (4 cl)

● Vorbereitungszeit: 35 Minuten

So wird's gemacht: Die Käse kleinschneiden und zusammen mit dem Mehl in eine Tüte oder einen Plastikbeutel geben und gut durchschütteln. Die Knoblauchzehe schälen, im Wein erhitzen und herausnehmen. • Den bemehlten Käse nach und nach in den sehr heißen Wein geben und unter Rühren vorsichtig zum Kochen bringen. Der Käse soll jeweils geschmolzen sein, bevor die nächste Portion dazugegeben wird. Salzen, pfeffern, die Butter unterrühren und in die eben blubbernde Masse teelöffelweise die Sahne geben. • Ist die Creme dick, das Kirschwasser einrühren.

So schmeckt's am besten: mit Bröckchen von Stangenweißbrot.

Kaaspott aus Gouda

Eine Fondue mit Käse aus Holland und dort ein althergebrachtes Winteressen.

Zutaten für 4 Portionen:
1 Knoblauchzehe · 400 g junger Goudakäse · 200 g alter Goudakäse · 0,3 l trockener Weißwein (Sancerre oder Entre-deux-Mers) · 1 Teel. Zitronensaft · 2–3 gestrichene Teel. Speisestärke · 1 Eßl. Wein wie oben · frisch gemahlener Pfeffer · geriebene Muskatnuß · 1 Gläschen Genever (2 cl)

● Vorbereitungszeit: 40 Minuten

So wird's gemacht: Den Caquelon mit der halbierten Knoblauchzehe ausreiben. Den jungen Gouda raspeln, den alten Gouda reiben, beide in den Caquelon geben. • Den Käse zusammen mit dem Wein und dem Zitronensaft unter ständigem Rühren bis zum Kochen erhitzen. Weiterrühren, bis aller Käse in der blubbernden Masse geschmolzen ist. Die Speisestärke mit 1 Eßlöffel Wein glattrühren, dann einrühren und die Fondue wieder aufkochen. Pfeffern, mit Muskatnuß überreiben und den Genever hineingießen.

So schmeckt's am besten: mit Holländischem Zwieback in Stücken und weichen Weißbrötchen.

Raclette

Eigentlich keine Fondue, aber doch auch geschmolzener Käse und zudem eine schönes gemeinsames Essen – das ist die Raclette. Ihre Heimat ist das Wallis. Dort wird ein halber Gomser Käse so lange gegen ein offenes Holzfeuer gehalten, bis die Schnittfläche zu schmelzen beginnt.

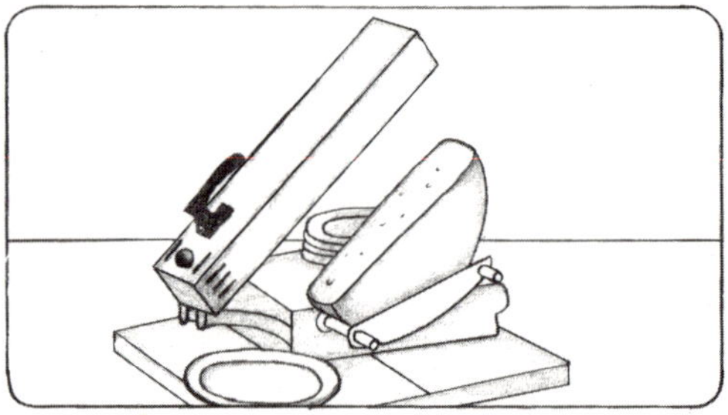

Die Halterung des großen Raclette-Ofens nimmt gut einen halben Laib vom Gomser Käse auf.

Die Industrie bietet verschiedene Schmelzapparate an. Lassen Sie sich im Fachhandel beraten. Die großen elektrischen Geräte (zum Beispiel von Melior) eignen sich vorzüglich für eine größere Gästeschar (für einen halben Käse, etwa 3,5 kg). Als Familie und in kleiner Runde bevorzugen wir Geräte mit Portionspfännchen (siehe Seite 72). Hierzu ist ein Spezialkäseschneider zu empfehlen, damit die Portionen gleichgroß ausfallen und gleichmäßig schmelzen.

Zutaten pro Portion:
3–4 Pellkartoffeln · Perlzwiebeln · Cornichons oder süß-saure Gurkensticks · Salz · frisch gemahlener Pfeffer · 200–300 g Gomser Käse, notfalls fetter Tilsiter Käse

- Vorbereitungszeit: etwa 15 Minuten
- Garzeit für die Kartoffeln: 35 Minuten

So wird's gemacht: Neue Kartoffeln kochen, pellen oder mit der Schale in eine vorgewärmte Schüssel geben. Schüsselchen mit Perlzwiebeln und Gurken füllen. Salznapf und Pfeffermühle nicht vergessen. Die Teller heiß spülen. Den Käse auf ein Holzbrett legen und alles anrichten.

Mit dem großen Gerät: Den Raclette-Ofen vorheizen, den Käse in die Halterung spannen, Teller unter die Heizröhren stellen, zubereiten und anrichten, wie schon beschrieben. Versinkt die Schnittfläche des Käses durch das Abschaben diverser Portionen zwischen den Rinden, schneiden wir sie ab, legen sie auf die Schnittflächen und braten sie; schmelzen tun sie nicht, aber sie schmecken kräftig und vorzüglich.

Mit dem Pfännchen-Raclette: Jeder bedient sich selbst, schneidet den Käse ab, füllt sein Pfännchen und schiebt es in das vorgeheizte Raclette-Gerät. Die Kartoffelschüssel auf der Raclette warm stellen. Nach Belieben Kartoffeln und/oder Käse pfeffern und salzen. Und zum heißen Käse und den warmen Kartoffeln die kühlen Gurken und Zwiebelchen essen.

So schmeckt's am besten: mit kräftigem Rotwein.

Unser Tip Bevor Sie Tilsiter kaufen, immer erst nach Raclettekäse fragen. Es gibt ihn heute schon fast überall in den Sorten: Gomser, Bagnes, eventuell auch Appenzeller.

Fleisch und Fisch im Öltopf

Die Ölfondue begann in den fünfziger Jahren ihren Siegeszug von der Schweiz aus und ist sehr wahrscheinlich die Erfindung eines Schweizer Gastronomen, der seine Gäste statt um den Käse- um den Öltopf versammelte. Vielleicht ist diese Art von Gerichten in aller Welt so beliebt geworden, weil sie gut in eine Zeit passen, in der es an Personal mangelt. Außerdem kann auch der schlechteste Koch nichts daran verderben, wenn das Öl nicht alt, das Fleisch nicht zu jung ist und Fische oder andere Bratstücke frisch sind.

Der Ritus ist ganz einfach: Alle sitzen um das Rechaud, und jeder brät sich im siedenden Fett sein Fleisch so blutig oder so durch, wie es ihm am besten schmeckt. Während man das gerade gebratene Stück ißt, läßt man das nächste schon im Topf vor sich hin braten. Dabei niemals zu viele Gabeln oder Spieße gleichzeitig hineinstellen oder -hängen, das senkt die Temperatur zu stark. Erfahrene Gastgeber legen auch immer mal kleine Trinkpausen ein, um das Öl wieder richtig aufzuheizen.

Man würzt sich seine Fleischstückchen selber, zunächst einmal mit Salz, Pfeffer, Rosenpaprika und Chilipulver und dann mit Saucen und Dips. Das geschieht alles nach dem Braten. Das heiße Fleisch nimmt, genauso wie beim Grillen, die Gewürze sofort auf.

Am allerwichtigsten sind die selbstgemachten Saucen und Dips. Sie können zur Sensation Ihrer Fleischfondue werden. Wir haben eine Reihe ausprobiert, ausspioniert und nachgeschmeckt und für Sie auf den Seiten 59–70 aufgeschrieben.

Wir braten in geruch- und geschmacklosem Öl (auf keinen Fall Olivenöl) oder in Pflanzenfett (Biskin oder Palmin) bei 180 Grad Hitze. Das Fett darf den Topf höchstens bis zur Hälfte füllen. Man erhitzt es in der Küche bis zum Rauchpunkt: das ist der Moment, in dem das Fett ganz still wird und eben zu rauchen beginnt. Dann trägt man den Fonduetopf zum Tisch und stellt ihn auf das Rechaud. Welches Fett Sie nehmen, sollten Sie selbst ausprobieren. Lassen Sie es nicht zu lange stehen, sondern verwenden Sie es anderweitig in der Küche, falls Sie nicht jede Woche eine Fleischfondue machen. Wenn Sie das allerdings tun, können Sie das Fett zwischen vier- und sechsmal verwenden.

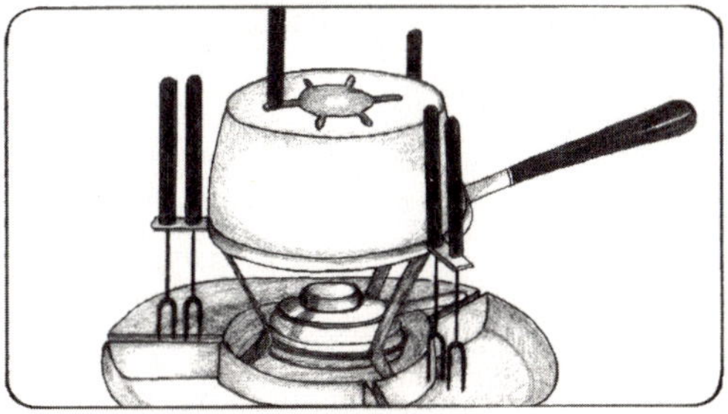

Die Manschette mit Halteschlitzen für die Fonduegabeln ist praktisch. Sie schützt das Öl vor Wärmeverlust und uns vor Ölspritzern.

Die Getränke sind nicht so strengen Regeln unterworfen wie bei der Käsefondue. Wir servieren Rotwein, Roséwein oder Bier. Und wer Weißwein liebt, kann ihn auch trinken; er sollte aber wuchtig und kräftig sein. Ideale Rotweine sind Beaujolais, jung und kellerkühl, ein Kalterer See Classico oder ein nicht zu anspruchsvoller Burgunder. Vielleicht auch ein Rioja aus Spanien, ein Chianti Classico aus Italien, ein Klosterneuburger aus Österreich, ein Trollinger aus Württemberg oder ein Ingelheimer Spätburgunder.

Selbst wenn es schnell gehen soll oder überraschend Gäste kommen, ist eine Ölfondue die ideale Bewirtung, vor allem wenn Ihnen durch das Erproben verschiedener Rezepte die Vorgänge geläufig sind und der Öltopf gerade noch gefüllt ist. Etwas Fleisch, zum Braten geeignete Wurst oder ein Paket tiefgefrorene Fischstäbchen sowie Senf und Remoulade hat man sicher zu Hause. Dann gibt es noch reichlich Brot und, wenn gerade übrig, abgezogene, gewürfelte Pellkartoffeln.

Fondue bourguignonne

Grundrezept
Bild Umschlagvorderseite

Sie ist die bekannteste Ölfondue, und falls Ihnen das Wort zu schwierig erscheint: die Fleischfondue.

Zutaten für 4 Portionen:
600–800 g Rinderfilet, Roastbeefkopf oder Lende · ¾ l Öl · Salz · frisch gemahlener Pfeffer

- Vorbereitungszeit: 15 Minuten

So wird's gemacht: Das Fleisch in kleine Würfel schneiden, abtrocknen oder, wie auf Seite 11 beschrieben, erst aromatisieren. • Das Öl im Fonduetopf auf dem Herd erhitzen, dann auf die starke Rechaudflamme stellen. Jeweils 1 Fleischwürfel aufspießen und im Öl braten. Wie lange Sie Ihr Fleischstückchen braten müssen, weil Sie es blutig, rosig oder durch mögen, wissen Sie bald. • Das fertige Fleisch mit der zweiten Gabel auf Ihren Teller streifen, ein neues Stück aufspießen und ins Öl hängen. Nun erst den gebratenen Fleischwürfel salzen, mit Pfeffer übermalen und/oder in eine Sauce dippen.

So schmeckt's am besten: Mit möglichst vielen Saucen und Dips. Gewaschene, geputzte Chicoréeblätter dazustellen, mit ihnen kann man auch Saucen und Dips auftunken.

Lammfondue

Das Fleisch ist reichlich berechnet, aber wenn es schon nach Knoblauch duftet, soll es sich auch gelohnt haben.

Zutaten für 4–6 Portionen:
1 kg ausgelöster Lammrücken · ¾ l Öl · 1–2 Knoblauchzehen · Salz · frisch gemahlener Pfeffer

- Vorbereitungszeit: 20 Minuten
- Zeit zum Vorfrieren: 2 Stunden

So wird's gemacht: Das Fleisch in dünne Scheiben schneiden und auf einem Brett anrichten. • Das Öl mit den geschälten Knoblauchzehen stark erhitzen. Den Knoblauch bald mit einem Seihlöffel herausfischen, damit er nicht zu braun und dadurch bitter wird. • Jeder brät sein aufgespießtes Lammscheibchen nach Belieben. Das Fleisch erst nach dem Braten salzen und pfeffern.

So schmeckt's am besten: mit der Variante der Apfelsauce (Rezept Seite 60), Aioli (Rezept Seite 59) sowie Zwiebelbrot.

Unser Tip Neben dem Fleisch sollten Sie auch ab und zu einmal einen Brotwürfel im Öl braten.

Hühnerfondue bourguignonne

Bild 3. Umschlagseite

Zutaten für 4 Portionen:
8 Hähnchenbrustschnitzel · 2 Eßl. Olivenöl · 2 Eßl. Weinessig · getrockneter Rosmarin und Thymian · 4 Paprikaschoten · 1 Glas Cocktailzwiebelchen · 1 Dose Champignonköpfe (210 ml) · 1 l Öl · Salz · frisch gemahlener Pfeffer

- Vorbereitungszeit: 25 Minuten
- Marinierzeit: 2–4 Stunden

So wird's gemacht: Die Hähnchenschnitzel in feine Streifen schneiden. Aus dem Öl, dem Essig und Kräutern eine Marinade rühren. Die Fleischstreifen darin wenden und einige Stunden marinieren lassen. • Das Fleisch herausnehmen, mit Küchenkrepp gut abtrocknen und abputzen. Die Paprikaschoten entkernen, würfeln und zusammen mit den Fleischstreifen, den Cocktailzwiebeln und den Champignonköpfen portionsweise dekorativ anrichten. • Das Öl erhitzen. Erst die fertigen Bissen salzen und pfeffern.

So schmeckt's am besten: Jeweils Fleisch mit ein oder zwei Zutaten zusammen aufspießen und braten.

Unser Tip Für Fleisch, Fisch und Geflügel genügt meist 1 Minute Bratzeit. Rohe Meerestiere brauchen 2–5 Minuten.

Huhn auf koreanische Art

Zutaten für 4 Portionen:
600 g Hühnerfleisch ohne Knochen · ¾ l Öl
Für die Marinade: 2 Zwiebeln · 1 Knoblauchzehe · 5 Eßl. Sojasauce · 3 gestrichene Teel. Zucker · 2 Eßl. Öl (möglichst Sesamöl) · frisch gemahlener schwarzer Pfeffer · 1 gestrichener Eßl. Speisestärke · 1–2 Eßl. Sesamsamen

- Vorbereitungszeit: 25 Minuten
- Marinierzeit: mindestens 1 Stunde

So wird's gemacht: Das Hühnerfleisch in Würfel oder Streifen schneiden. Für die Marinade die Zwiebeln und die Knoblauchzehen schälen, die Zwiebeln hacken, den Knoblauch auspressen. Mit der Sojasauce, dem Zucker, 2 Eßlöffeln Öl, Pfeffer und der Speisestärke verrühren. Das Hühnerfleisch mindestens 1 Stunde, aber auch über Nacht, darin einlegen. • Das Fleisch aus der Marinade nehmen, leicht abtrocknen und auf Fonduegabeln oder Holzspießchen im heißen Öl braten. Die Marinade mit dem Sesamsamen erhitzen und in Schälchen vor jeden Gast stellen. Den gebratenen Hühnerbissen in diese Sauce tauchen.

So schmeckt's am besten: mit noch einer zweiten, milden Sauce wie Malteser Sauce oder Sherrysauce (Rezepte Seite 65, 69).

Würstchenfondue

Bild Seite 28

Der Möglichkeiten gibt es hierbei gar viele, denn diese Fondue läßt sich, wenn es schnell gehen soll, mit beliebigen Wurst- und Schinkenvorräten aus dem Kühlschrank zubereiten. Hier einige Vorschläge.

Zutaten jeweils für 4 Portionen:
600 g Leberkäse oder Mortadella in dicken Scheiben oder · 600 g Kabanossi oder · 600 g gemischter Aufschnitt in dicken Scheiben oder · 2 Ringe Lyoner Wurst oder · 10 Paar Wiener Würstchen oder · 10 Frankfurter Würstchen oder · 10 rohe, grobe Bratwürste oder · 16 Paar Schweinsbratwürstchen oder · 12 Paar Kalbsbratwürstchen · ¾ l Öl oder 750 g Pflanzenfett

- Vorbereitungszeit: 10–15 Minuten

So wird's gemacht: Die Wurst jeweils in bißgroße Würfel oder Ringe schneiden und portionsweise anrichten. • Das Öl oder Fett erhitzen. Gebrühte Wurst oder gekochter Schinken werden nun ganz kurz, rohe Wurst wird länger gebraten.

So schmeckt's am besten: mit verschiedenen Brotsorten, mit Fertigsaucen, mit selbstbereiteter Curry-, Apfel-, Senf-, Rote-Bete-Sauce oder Meerrettichdip (Rezepte auf den Seiten 60, 62, 66, 68). Auf alle Fälle sollten Senf, Silberzwiebeln und Cornichons nicht fehlen.

Käsefondue bourguignonne

Probieren Sie einmal, Käse im Öltopf zubacken, wie in den beiden folgenden Rezepten.

Zutaten für 4 Portionen:
800 g Käse (Butterkäse, Bonbel und Bel Paese) · 2 Eier · Mehl · 100 g Semmelbrösel · Salz · frisch gemahlener Pfeffer · 1 l Öl

- Vorbereitungszeit: 25 Minuten
- Kühlzeit: 1 Stunde

So wird's gemacht: Den Käse würfeln, die Eier verquirlen. Die Semmelbrösel mit Salz und Pfeffer würzen. Die Käsewürfel erst in Mehl wenden, dann durch das verquirlte Ei ziehen und mit den gewürzten Semmelbröseln panieren. 1 Stunde kalt gestellt stehenlassen. • Das Öl im Fonduetopf erhitzen. Käsewürfel aufspießen, hineintauchen und etwa 1 Minute backen lassen.

So schmeckt's am besten: Neben Dips gibt es Kräutersauce (Rezept Seite 65) und eine große Schüssel Chicorée- oder Feldsalat dazu.

Unser Tip Man muß konzentriert stippen, damit der Käse nicht durch die Panade ins Fett tropft.

Queso macha

Man braucht dazu eigentlich Queso di Cabra, Ziegenkäse aus Bolivien. Wir nehmen einen französischen, italienischen oder bulgarischen Ziegenkäse.

Zutaten für 4 Portionen:
500 g Ziegenkäse · Mehl · 1 l Öl

- Vorbereitungszeit: 15 Minuten

So wird's gemacht: Den Käse mit so viel Mehl verkneten, daß man walnußgroße, glatte Bällchen formen kann, die man wiederum in Mehl rollt. • Die Käsebällchen so lange ins heiße Öl tauchen, bis sie eine braune Kruste haben.

So schmeckt's am besten: mit Edelsüßpaprika oder Rosenpaprika bestäubt und/oder in Teufelssauce (Rezept Seite 69) gestippt.

Lammfondue syrische Art

In diesem und in den folgenden Rezepten ist im Fonduefleisch immer noch eine Zutat gut versteckt.

Zutaten für 4 Portionen:
500 g Dörraprikosen · 1 gestrichener Teel. Lemonpepper · 1 l Wasser · 4 cl Aprikosengeist · 1 kg Lammfleisch von der Keule · 1 l Öl

- Vorbereitungszeit: 35 Minuten
- Quellzeit: über Nacht
- Marinierzeit: 24 Stunden

So wird's gemacht: Die Aprikosen mit dem Lemonpepper mischen. Das Wasser mit dem Aprikosengeist aromatisieren, die Aprikosen damit übergießen und über Nacht quellen lassen. • Die Aprikosen abgießen, den Saft auffangen. Das Lammfleisch etwas großflächig schnetzeln und etwa 24 Stunden im Weichwasser der Aprikosen marinieren. Die Früchte solange zugedeckt im Kühlschrank aufbewahren. • Das Fleisch aus der Marinade nehmen, mit Küchenkrepp gut trockentupfen und dekorativ anrichten. Je 1 Stück Aprikose in ein Fleischscheibchen rollen, aufspießen und im heißen Öl braten.

So schmeckt's am besten: Pro Gast ein Schälchen trocken gekochten Reis dazu stellen; die Aprikosen machen alles sehr saftig. Haselnußsauce (Rezept Seite 63) dazu reichen.

Leberpäckchen bourguignonne

Zutaten für 4 Portionen:
500 g Hühnerleber · 1 Eßl. Butter · 1 kleine Dose Wasserkastanien · 250 g Frühstücksspeck · frisch gemahlener Pfeffer · etwas gemahlener Ingwer · ¾ l Öl

- Vorbereitungszeit: 30 Minuten

So wird's gemacht: Die Hühnerleber in bißgroße Stücke zerteilen und 10 Minuten in der Butter sanft schmoren. Abkühlen lassen. •

Eine Ölfondue kann auch preiswert sein, zum Beispiel die Frikadellenfondue. Der Honigdip paßt besonders gut dazu. Rezepte unten und Seite 63. ▷

Die Wasserkastanien in Stückchen schneiden. Den Frühstücksspeck in hauchdünne Scheiben schneiden, so daß man in je 1 Scheibe einen Leberbissen und das dazu passende Wasserkastanienstück wickeln kann. Leber und Wasserkastanienstück leicht mit Pfeffer und Ingwer würzen, dann fest einpacken. • Auf eine Gabel gespießt im heißen Öl so lange braten, bis der Speck schön braun und knusprig geworden ist.

So schmeckt's am besten: Bier dazu trinken. Eventuell noch mit Currysauce mit Mayonnaise (Rezept Seite 62) ergänzen.

Frikadellenfondue

Bild gegenüber

Die preiswerteste Form der Fleischfondue macht man mit gemischtem Hackfleisch.

Zutaten für 4 Portionen:
350 g mageres Rindfleisch · 150 g Schweinefleisch vom Kamm (Nacken) · 1 Eigelb · 4–5 Eßl. Semmelbrösel · 2 Tropfen Tabasco · 1 Eßl. gehackte Petersilie · Salz · frisch gemahlener Pfeffer · Streuwürze · Salatblätter · ¾ l Öl

- Vorbereitungszeit: 20 Minuten
- Kühlzeit: 1 Stunde

So wird's gemacht: Das Fleisch zweimal durch den Fleischwolf (feine Scheibe) geben oder sehr fein vom Fleischer durchdrehen lassen. Das Fleisch mit den Zutaten von Eigelb bis Streuwürze zu einem festen Teig verkneten. Dann kirschgroße (dicke Kirschen, bitte) Bällchen daraus formen und im Kühlschrank 1 Stunde lang anziehen lassen. • Die rohen Frikadellchen auf Salatblättern anrichten. Sie werden einzeln aufgespießt und im heißen Öl schön braun gebraten.

So schmeckt's am besten: mit Tatarensauce, Meerrettich- und/oder Honigdip (Rezepte Seite 63, 66, 69).

Shrimps im Speckhemd

Zutaten für 4 Portionen:
500 g gekochte, geschälte Shrimps oder Scampi · etwas frisch gehackter oder getrockneter Dill · eventuell etwas frisch gemahlener Pfeffer · 1 Dose Ananasstücke (425 ml) · 250 g Frühstücksspeck in dünnen Scheiben · ¾ l Öl

- Vorbereitungszeit: 30 Minuten

So wird's gemacht: Die Shrimps mit etwas Dill und, falls gewünscht, mit Pfeffer würzen. Die Ananasstücke mit Küchenkrepp gut abtrocknen. • Zu jedem Schwanz ein Stückchen Ananas geben. Zusammen in ein passendes Stück Frühstücksspeck wickeln und mit Schaschlikspieß verschließen. • Im siedenden Öl so lange braten, bis der Speck knusprig geworden ist.

So schmeckt's am besten: als knusprige Knabberei zu Wein.

◁ Wer von allem etwas möchte, macht Kalbfleischspießchen Bacchus. Sie bieten Fleisch und Fisch zugleich, und die Brühe wird mit Wein gemischt. Rezept Seite 47.

Karibische Buletten

So aß ich, Ulrich Klever, eine Frikadellenfondue in Jamaika. Es ist eine »Sommerfondue« für Balkon oder Terrasse, denn Paniermehl kann beim Braten kräftig rauchen.

Zutaten für 4 Portionen:
500 g gekochtes Hühnerfleisch ohne Haut · 1 Ei · 2 Eßl. feingehackte Petersilie · 1 Eßl. feingeschnittener Schnittlauch · 1 Eßl. geriebene Zwiebel · 1 gestrichener Eßl. Currypulver · Salz · 1 gestrichener Teel. scharfes Senfmehl · Semmelbrösel oder feines Paniermehl · etwa ¾ l Öl
Dazu pro Portion: 1 Eiweiß · 2–3 Eßl. feines Paniermehl

- Vorbereitungszeit: 35 Minuten
- Kühlzeit: 1 Stunde

So wird's gemacht: Das Hühnerfleisch ganz fein hacken. Das Ei verquirlen. Fleisch und Ei mit den übrigen Zutaten, einschließlich Semmelbrösel, zu einem festen Teig verarbeiten. Walnußgroße Kügelchen daraus rollen und diese für 1 Stunde in den Kühlschrank stellen. • Das Öl im Fonduetopf erhitzen. Vor jeden Gast ein Schüsselchen mit leicht geschlagenem Eiweiß und eines mit Paniermehl stellen. Die Kügelchen durch das Eiweiß ziehen, im Paniermehl rollen und etwa 1 Minute lang an Fonduegabeln aufgespießt im heißen Öl braten.

So schmeckt's am besten: mit Aprikosensauce (Rezept Seite 60).

Unser Tip Nach dem Braten von Paniertem oder im Teigmantel Gegartem immer das abgekühlte Öl durch Abfiltern säubern.

Fondue Asia

Zutaten für 4 Portionen:
500 g Rinderfilet · 1 Dose Bambussprosse (425 ml) · 5 Eßl. Sojasauce · 2 Eßl. Sherry · einige Spritzer Tabasco · 1 kg Pflanzenfett

- Vorbereitungszeit: 35 Minuten
- Marinierzeit: 1–2 Stunden

So wird's gemacht: Das Filet in hauchdünne Scheiben, die Bambussprossen in streichholzdicke Stifte schneiden. Die Bambusstifte in der Sojasauce, gemischt mit dem Sherry, unter kräftigem Wenden 1–2 Stunden marinieren lassen. • Die Filetscheiben leicht mit Tabasco schärfen. 2–3 Bambusstifte in eine Fleischscheibe rollen, aufspießen und im heißen Pflanzenfett beliebig lange braten, fast bräunen.

So schmeckt's am besten: mit scharfen Saucen wie Roquefortsauce oder Teufelssauce (Rezepte Seite 68, 69).

Unser Tip Das Filet im Gefriergerät leicht anfrieren lassen und dann mit der Brotmaschine aufschneiden; so werden die Scheiben hauchdünn.

Rehrückenfondue

Mit Wildfleisch können wir einer Fondue bourguignonne einen ganz neuen Geschmack geben.

Zutaten für 4 Portionen:
600 g ausgelöstes Fleisch vom Rehrücken · 1 Dose Williamsbirnen (825 ml) · Lemonpepper · 700 g Pflanzenfett

- Vorbereitungszeit: 30 Minuten
- Zeit zum Vorfrieren: 1 Stunde

So wird's gemacht: Das ausgelöste Rehrükkenfleisch im Gefriergerät anfrieren lassen, dann in feine Scheiben schneiden. Die Birnen abgießen, in Scheibchen schneiden, sehr gut mit Küchenkrepp abtrocknen und kräftig mit Lemonpepper würzen. • Alles dekorativ nebeneinander auf Portionstellern anrichten. Nun Birnenstückchen in die Rehrückenscheiben einwickeln, aufspießen und kurz ins siedende Pflanzenfett tauchen.

So schmeckt's am besten: mit Preiselbeer-Meerrettich-Dip (Rezept Seite 67) und würziger Fertig-Remoulade.

Unser Tip Alle Wildfondues mit Pflanzenfett statt mit Öl zubereiten.

Hirschfondue

Zutaten für 4 Portionen:
1 kg Hirschfleisch von Keule oder Rücken · 1 Zwiebel · 2 gestrichene Eßl. Beizgewürz · 1 l Amselfelder Rotwein · gemahlener Rosmarin · 1 kg Pflanzenfett

- Vorbereitungszeit: 35 Minuten
- Marinierzeit: 2–3 Tage
- Zeit zum Vorfrieren: 1 Stunde

So wird's gemacht: Das Hirschfleisch von Häuten und Sehen befreien und 2–3 Tage – wie zu Großmutters Zeiten – mit der zerschnittenen Zwiebel und dem Beizgewürz in dem Rotwein marinieren lassen. Falls der Wein das Fleisch nicht ganz bedeckt, etwas Wasser zufügen. • Das Fleisch herausnehmen, gut abtrocknen, und 1 Stunde im Gefriergerät anfrieren lassen. • Dann in feine Scheibchen schneiden. Das durch das Marinieren mürbe gewordene Fleisch vor dem Aufspießen mit etwas Rosmarin bestäuben und zum Braten nur ganz kurz in das siedende Pflanzenfett tauchen.

So schmeckt's am besten: Dazu Aprikosensauce und Preiselbeer-Meerrettich-Dip (Rezepte Seite 60, 67) oder Fertigsaucen auf ähnlicher Basis auftragen.

Anmerkung: Wild wird heute nur noch mariniert oder gebeizt, um festes Fleisch mürber zu machen oder um ihm ein bestimmtes Aroma zu geben.

Einfache Wildfondue

Aller guten Dinge sind drei. Hier noch ein Rezept mit preiswertem Wildgulasch.

Zutaten für 4 Portionen:
1 kg Wildgulasch · ¼ l heller Weinessig · ½ l Wasser · 6 Wacholderbeeren · 1 Eßl. Senf Düsseldorfer Art · 350 g Sauerkirschen, ohne Stein, aus dem Glas · 150 g Räucherspeck · 1 kg Pflanzenfett

- Vorbereitungszeit: 35 Minuten
- Marinierzeit: 1 Tag

So wird's gemacht: Das Wildgulasch in bißgroße Stücke schneiden und in einer Marinade aus dem Weinessig, dem Wasser, den zerdrückten Wacholderbeeren und dem Senf etwa 1 Tag lang beizen. • Die Beize abgießen und das Fleisch gut abtrocknen. Die Sauerkirschen abtropfen lassen. Den Räucherspeck in dickere Scheibchen, in Form der Wildstücke, schneiden. Den Speck und das Wild auf einer Platte anrichten. Die Sauerkirschen in einer Schüssel servieren – sie setzen immer noch etwas Saft ab. • Erst Wild, dann Kirsche, dann Speck auf eine Gabel spießen und das Ganze im siedenden Fett braten, bis der Speck glasig bis knusprig geworden ist.

So schmeckt's am besten: mit frischem Weißbrot.

Maritime Fondue

Zutaten für 4–6 Portionen:
250 g Tintenfisch, frisch oder aus der Dose · 500 g geschälte, gekochte Scampi oder Nordsee-Langustenschwänze (fertig gekauft) · 200 g Muscheln aus der Dose (425 ml) oder 500 g frische Muscheln mit Schale · ¾ l Öl

- Vorbereitungszeit: 25 Minuten

So wird's gemacht: Den frischen Tintenfisch in bißgroße Stücke schneiden; Thunfisch aus der Dose abtropfen lassen. Die Meerestiere auf Schüsseln hübsch arrangieren; die ausgelösten Muscheln sollen nicht zu weich sein. Ideal sind frisch gekochte Muscheln, die man noch fest gelassen hat (sofort nach dem Öffnen aus dem Sud nehmen). Für Dosenmuscheln möglichst kleine Abseihlöffel nehmen oder ein kleines Drahtsieb zweckentfremden, damit sie nicht beim Abgießen die Form verlieren. • Die Meerestiere in der Küche gut abtrocknen und auch bei Tisch mit Papierserviette nachtrocknen (sonst spritzt das Öl). Aufspießen und im heißen Öl backen.

So schmeckt's am besten: auf jeden Fall mit frischen oder getrockneten Dillspitzen, Apfelsauce und Sardellensauce (Rezepte Seite 60, 68).

Tempura

Bei der japanischen Form der Ölfondue soll eine Hülle aus leichtem Teig die Aromen von Gemüse und Meerestieren voll erhalten. Man nimmt dazu die Elektro-Fritüre oder ein Gerät mit Temperaturregler (siehe Seite 7).

Zutaten für 4 Portionen:
1 Aubergine · etwas Mehl · 2 Stangen Lauch/Porree · 100 g frische Champignons · 4 Wasserkastanien aus der Dose · 250 g frische Makrelenfilets · 300 g rohe oder gekochte, ausgelöste Shrimps oder Langostinos · 500 g frische Miesmuscheln
Für den Teig: 1 Eigelb · ½ l Eiswasser · 1 Messerspitze Natron · 250 g Mehl
Zum Braten: 1¼ l Öl

● Vorbereitungszeit: 1 Stunde

So wird's gemacht: Die Aubergine der Länge nach halbieren, schälen und in dünne Scheiben schneiden. Die Scheiben in etwas Mehl wenden. Den Lauch putzen, gründlich waschen, dann schräg zur Stange in etwa 1 cm breite Streifen schneiden. Die Champignons putzen und halbieren. Die Wasserkastanien abgießen und in Würfel schneiden. • Die Makrelenfilets in quadratische kleine Stücke schneiden und ebenso wie die Shrimps oder Langostinos in Mehl wenden. Die Muscheln für 1 Minute in kochendes Wasser geben und auslösen. • Das Öl auf 175 °C erhitzen. • Den Teig erst, wenn alles soweit fertig ist, zubereiten: Das Eigelb mit dem Eiswasser schlagen, das Natron in 1 Eßlöffel Eiswasser lösen und dazugeben. Das Mehl daranschütten und schnell mit dem Löffel oder Handmixer unterrühren. Der Teig muß vom Löffel fließen. • Nun taucht der Gastgeber oder auch ein Gast mit Eßstäbchen nacheinander die Zutaten in den Teig, läßt sie kurz abtropfen, wirft sie nacheinander in das siedende Öl und achtet darauf, daß die Temperatur nicht absinkt. Backen, bis die Teilchen schön aufgebläht und goldbraun sind – etwa 2 Minuten. • Entweder fischt sich jeder – aber bitte mit Eßstäbchen (siehe Seite 44) – sein Stück heraus oder die Teilchen werden in eine große flache Schüssel, die dicht mit Küchenkrepp ausgelegt ist (so wird überschüssiges Öl aufgesaugt) gegeben. Man stippt seinen Bissen in sein Schälchen, gefüllt mit folgender Sauce:

Tempurasauce Tentsuyu

Zutaten für 4 Portionen:
6 Eßl. japanische Sojasauce · ¼ l klare Fleischsuppe · 2 gestrichene Eßl. Zucker · 1 gestrichener Teel. Glutamat

● Zubereitungszeit: 10 Minuten

So wird's gemacht: Die Sojasauce in die heiße Fleischsuppe rühren, den Zucker und das Glutamat-Würzpulver darin auflösen. Die Sauce in vier Schälchen verteilen.

Unser Tip Zwischen den Backportionen immer mit einem Schaumlöffel alle Teigreste aus dem Öl fischen, damit sie nicht schwarz werden und qualmen oder verbrannt riechen.

Variante: Pilz-Tempura
Statt der verschiedenen Zutaten 1 kg kleine Zuchtchampignons oder Austernpilze in Stücken in den Teig tauchen und backen.

So schmeckt's am besten: Wie die Japaner Bier dazu trinken.

Fischfondue nach Arne

Im Öltopf lassen sich Fisch und Meeresfrüchte am leichtesten paniert braten – oder in einem Teigmantel wie bei der Tempura (siehe linke Seite).

Zutaten für 4 Portionen:
250 g tiefgefrorene Schollenfilets · 750 g frisches Goldbarschfilet · 250 g frischer Heilbutt oder Steinbutt · 1 gestrichener Eßl. Mehl · 2 Eiweiße · 1 gestrichener Teel. Edelsüßpaprika · Salz · ½ Teel. frisch gemahlener weißer Pfeffer · 2 l Öl
Für die Sauce: 1 Eßl. Worcestersauce · 3 gestrichene Eßl. Semmelbrösel · 4 Eßl. Tomatenketchup · 6 Eßl. Öl · 2 Eßl. Weinessig · 1 gestrichener Teel. Zucker

- Vorbereitungszeit: 45 Minuten

So wird's gemacht: Die Schollenfilets auftauen lassen; dann in Stücke schneiden. Den übrigen Fisch entgräten, gegebenenfalls enthäuten und roh in bißgroße Stücke schneiden. • Das Mehl mit dem Eiweiß, dem Paprika, Salz und dem Pfeffer mischen und die Fischstücke darin wenden. Die Saucenzutaten kalt miteinander verrühren. Die Fischstücke auf einer Platte arrangieren, die Sauce in Schälchen verteilen. • Die Fischstücke auf Fonduegabeln spießen, im siedenden Öl in ½–1 Minute goldgelb braten, in die Sauce tauchen und essen.

So schmeckt's am besten: Bier dazu trinken.

Unser Tip Das Fischfleisch durch Marinieren mit reichlich Zitronensaft festigen; das ist vor allem bei Goldbarsch und Rotbarsch wichtig.

Fischstäbchenfondue

Zum Abschluß noch die schnellste und einfachste Fisch-Öl-Fondue, die sich auch gut mit Erdnußfett zubereiten läßt. Aber bitte das Fett nicht mit »Erdnußbutter«, richtiger Erdnußmus, verwechseln.

Zutaten für 4 Portionen:
1 große Packung Fischstäbchen (16 Stück) · ½ l Öl oder 750 g Erdnußfett

- Vorbereitungszeit: 10 Minuten

So wird's gemacht: Die unaufgetauten Fischstäbchen mit scharfem Messer dritteln. Die Stückchen auf einer Platte anrichten. • Das Öl oder Fett erhitzen. Die Fischstäbchenstükke auf Gabeln spießen und in etwa 2 Minuten gar braten lassen.

So schmeckt's am besten: Dazu selbstgemachte Currysauce (Rezept Seite 62).

Fleisch und Fisch in Brühe gesotten

Auch bei der Fondue ist man schlankheitsbewußt geworden und hat auf der Basis eines ganz alten chinesischen Gerichtes, dem »Feuertopf«, die Fondue chinoise entdeckt: Man kocht mageres Fleisch sowie fettarmen Fisch in Brühe und ißt möglichst kalorienarme Saucen dazu.

Das Kochen am Tisch spielt sich genau wie bei den anderen Fondues ab. Lediglich der Fonduetopf hat eine andere Form: Er ist flacher und breiter und im Hinblick auf die chinesische Verwandtschaft mit ihren Töpfen aus hochpoliertem Messing bei uns meist aus Kupfer. Lesen Sie hierzu auch Seite 10.

Wir finden, daß diese Fondues stilechter sind und fast besser schmecken, wenn man dabei mit Stäbchen ißt. Deshalb wollen wir Ihnen hier einen kleinen Kurs im richtigen Umgang mit Stäbchen geben.

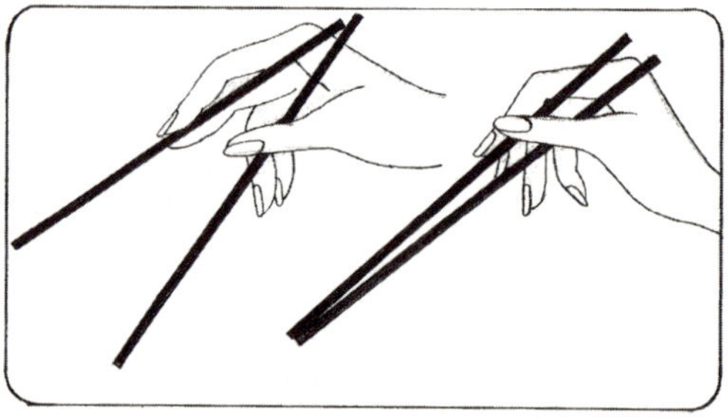

Während das untere Stäbchen zwischen Daumen und Ringfinger unbeweglich eingeklemmt wird, bewegt man das obere Stäbchen mit Zeigefinger, Mittelfinger und Daumenspitze.

Wir nehmen nur Stäbchen aus Holz. Elfenbein oder Kunststoff sind für heiße Brühen nicht geeignet. Man verwendet die Stäbchen paarweise. Das eine liegt unbeweglich in der Hand, das andere wird mit den Fingern bewegt. Zusammen wirken sie wie eine Pinzette. Das feste Stäbchen wird auf die innere, zum Zeigefinger liegende Seite des gebeugten Ringfingers gelegt und zwischen Daumen und Handfläche festgeklemmt. Hier befindet sich die eckige Seite des Stäbchens, der Ringfinger hält etwa die runde Mitte. Dann nimmt man das zweite Stäbchen, runde Seite nach vorne, so zwischen Zeigefinger und Daumen, als ob man schreiben sollte, allerdings weiter hinten, als man einen Bleistift anfaßt. Man stößt beide Stäbchen leicht auf den Tisch, daß die Spitzen gleich sind und bewegt den oberen Stab gegen den unteren. Man kann nun mit den Spitzen wie mit einer Pinzette greifen. Je mutiger und lockerer man das macht, um so leichter geht es.

Zur Fondue chinoise reicht man immer zwei bis drei kalte Saucen und unbedingt eine warme Sauce. Außerdem reichlich Zitronenschnitze, Kapern, Dill, Petersilie und andere gehackte Kräuter, Meerrettichsahne, pürierte Sardellenfilets oder Sardellenpaste, Senf- und Zuckergurken. Gibt es Muscheln, darf eine gehackte Zwiebel nicht vergessen werden. Weißbrot gehört immer dazu.

Auf Getränke zur Fondue chinoise kann man eigentlich verzichten. Der Brauch, die köstliche Kochbrühe zum Abschluß als Süppchen zu schlürfen, rundet das Mahl am besten ab. Bei der einen oder anderen Fondue sind ein spritziger Weißwein, ein leichter Rotwein oder ein Bier durchaus am Platze, denn Saucen und Dips oder andere Beilagen (siehe auch Seite 12 »Was alles auf dem Tisch stehen darf«), die schärfer gewürzt sind, können natürlich zusätzlichen Durst machen.

Wir rechnen pro Person 150–200 g Fleisch oder 200–250 g Fisch und Meeresfrüchte, außerdem 50 g Brot. Verwenden wir Brühe aus Würfeln, so nehmen wir auf den ½ Liter knapp ⅛ Liter Wasser mehr, denn das gesottene Fleisch macht die Brühe noch kräftig genug. Außerdem können Fleisch und Fisch nach dem Sieden in nur schwach gesalzener Brühe um so besser und vielseitiger gewürzt werden.

Denken Sie auch bei der Fondue chinoise daran, daß nur bestes Fleisch, frischester Fisch und vor allem selbstgemachte Saucen und Dips den vollen Erfolg Ihrer Fondueparty garantieren. Und nun nehmen Sie die Stäbchen in die Hand ...

Fondue chinoise

Grundrezept
Bild Umschlag-Rückseite

Zutaten für 4 Portionen:
500 g Rinderfilet · 1 l Hühnerbrühe · etwas Sojasauce · etwas Sherry · 4 Eigelbe

- Vorbereitungszeit: 15 Minuten
- Zeit zum Vorfrieren: 1 Stunde

So wird's gemacht: Das Filet leicht anfrieren lassen und mit der Brotmaschine in etwa streichholzschachtelgroße, hauchdünne Scheiben schneiden. • Die Brühe mit etwas Sojasauce und Sherry würzen und im Topf auf dem Rechaud sanft kochen lassen. Um die Gabel ein Fleischscheibchen wickeln, in die Brühe tauchen und etwa 1 Minute köcheln lassen. Ob der Bissen kürzer oder länger in der siedenden Brühe bleiben muß, damit er Ihnen am besten schmeckt, wissen Sie nach dem dritten Scheibchen Fleisch ganz sicher.

So schmeckt's am besten: Das Fleisch in eine der selbstgemachten Saucen (Rezepte auf den Seiten 59–70) tauchen. Außerdem gibt es Mangochutney, eingelegte Maiskölbchen, grobgeraspelten Sellerie und geviertelte Tomaten dazu. Zum Schluß die durch das Fleisch kräftiger gewordene Brühe in Tassen gießen, in die man zuvor je 1 Eigelb gegeben hat.

Unser Tip Essen Sie nach asiatischer Manier mit Stäbchen. Wie man das macht, steht auf der linken Seite.

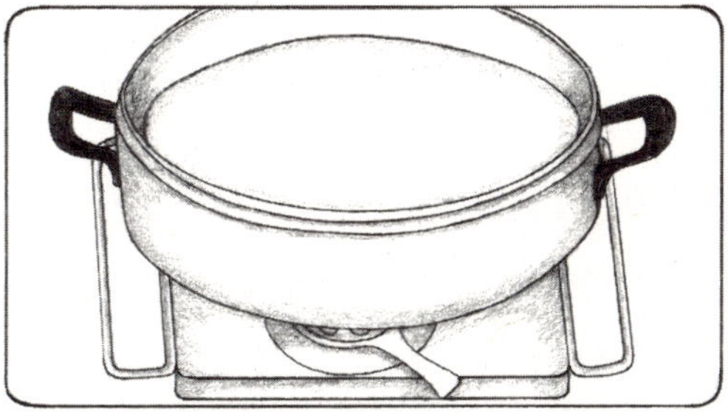

Der richtige Topf für die Fondue chinoise ist flach, breit und am besten aus Messing oder Kupfer.

Scampi chinoise

Zutaten für 4–6 Portionen:
500 g rohe, ausgelöste Scampi oder Nordsee-Langustenschwänze · einige Salatblätter · 1 Dose Tintenfisch nature (425 ml) · 1 Dose Muscheln, naturell eingelegt (425 ml) · ¾ l klare Fleischsuppe · frischer Dill · 100 g Butter · Salz · Tabasco

- Vorbereitungszeit: 20 Minuten

So wird's gemacht: Die Scampi auf Salatblättern anrichten. Den Tintenfisch und die Muscheln abgießen, auf Küchenkrepp gut abtrocknen und dazugeben. Die Fleischsuppe zum Kochen bringen. Den Dill feinhacken, mit der Butter, etwas Salz und Tabasco verkneten und in 4 Portionsschälchen geben. • Die klare Fleischsuppe auf dem Rechaud kochen lassen. Scampi, Muscheln und Tintenfisch abwechselnd aufspießen und etwa 2 Minuten sieden lassen. Heiß kurz in die Dillbutter stippen, dann erst in die Saucen tauchen.

So schmeckt's am besten: mit Aioli und Haselnußsauce (Rezepte Seite 59, 63). Es darf Reis dazu geben.

Schlanke Geflügelfondue

Bild 3. Umschlagseite

Eine Portion dieser Fondue enthält mit Dips und 2 Stückchen Stangenweißbrot nur etwa 2095 Joule/500 Kalorien.

Zutaten für 4 Portionen:
600 g Hähnchenbrust oder Puterschnitzel · 300 g Gemüse (Sellerie, Lauch, Karotten, Fenchel) · ¾ l Hühnerbrühe · ¼ l herber Weißwein · eventuell Salz und frisch gemahlener Pfeffer

- Vorbereitungszeit: 25 Minuten

So wird's gemacht: Das Fleisch und die Gemüse feinschneiden. Das Fleisch auf einem Teller arrangieren. Die Brühe zusammen mit den Gemüsen zum Kochen bringen. Den Wein hinzufügen. • Die Brühe immer am Sieden halten, eventuell nachwürzen. Das Fleisch mit Stäbchen oder Gabel hineintauchen und in der Brühe garen. Zum Schluß wird die Brühe mit den Gemüseresten in Tassen gereicht.

So schmeckt's am besten: mit eingelegten Gurken und Perlzwiebelchen sowie Currysauce (Rezept Seite 62).

Siedfleischfondue

Zutaten für 4–6 Portionen:
1½ l klare Fleischsuppe · 1 kg gutes Gulaschfleisch vom Rind oder Fleisch von der Schulternaht (Oberschale) · 1 Stange Lauch/Porree · 2 Möhren · 1 Petersilienwurzel · ½ Lorbeerblatt · 4 Pfefferkörner

- Vorbereitungszeit: 20 Minuten
- Garzeit: 1 Stunde und 30 Minuten, im Schnellkochtopf 30 Minuten

So wird's gemacht: Die Suppe zum Kochen bringen. Das Fleisch in 5 cm lange und 2 cm breite Stücke schneiden, hineingeben und 1 Stunde sanft kochen lassen. • Den Lauch, die Möhren und die Petersilienwurzel putzen und kleinschneiden. Die Gemüse, das Lorbeerblatt und die Pfefferkörner in die Suppe geben und weitere 30 Minuten köcheln lassen. Oder alles im Dampftopf (Schnellkochtopf) in 30 Minuten unter Druck garen. • Den Fonduetopf auf das Rechaud stellen, die Suppe und die Siedfleischwürfel hineingeben und zum Köcheln bringen. Die Fleischstücke mit der Fonduegabel herausfischen.

So schmeckt's am besten: auf jeden Fall mit Bauernbrot, grobem Salz, Cornichons, Meerrettich, Preiselbeeren, Preiselbeer-Meerrettich-Dip, Meerrettichsauce, Apfelsauce und Vinaigrette (Rezepte Seite 60, 66, 67, 70).

Unser Tip Restliche Brühe gleich oder anderntags über Weißbrotscheiben gießen und als Suppe servieren.

Kalbfleischspießchen Bacchus

Bild Seite 38

Zutaten für 4 Portionen:
600 g Kalbfleisch aus der kleinen Nuß · 6 frische Champignonköpfe · 20 Langostinos ohne Kopf · ¾ l Hühnerbrühe · ¼ l trockener Weißwein · getrockneter Thymian und Rosmarin · Knoblauch · feingehackte Petersilienwurzel · grobgemahlener Pfeffer · Salbei

- Vorbereitungszeit: 25 Minuten
- Zeit zum Vorfrieren: 1 Stunde

So wird's gemacht: Das Kalbfleisch im Gefriergerät leicht anfrieren lassen, dann hauchdünn schneiden. • Die Pilze putzen. Die Fleischscheiben mit den Langostinoschwänzen und den Champignonköpfen locker auf Holzspieße stecken. Die Brühe mit dem Wein mischen, die Gewürze zufügen und kräftig durchkochen. • Die Brühe auf dem Rechaud weiterköcheln lassen. Die gemischten Spießchen darin sieden.

So schmeckt's am besten: mit pikanten kalten und warmen Saucen wie Estragonsauce (Rezept Seite 62), Cumberlandsauce mit Meerrettich, Currysauce mit Mayonnaise (Rezept Seite 62), Mangochutney und Pfeffergürkchen.

Rehfondue chinoise

Zutaten für 4 Portionen:
500 g ausgelöster Rehrücken · 1 l Fleischbrühe (Würfel) · 3 Wacholderbeeren · 1 Nelke · oder 1 l Wildbrühe (siehe nachfolgendes Rezept)

- Vorbereitungszeit: 30 Minuten
- Zeit zum Vorfrieren: 1 Stunde

So wird's gemacht: Das Fleisch im Gefriergerät leicht anfrieren lassen, dann in hauchdünne Scheiben schneiden und hübsch auf einer Platte anrichten. Die Fleischbrühe mit den angequetschten Wacholderbeeren und der Nelke zugedeckt 15 Minuten kochen lassen. • Die Gewürze herausfischen. Den Fonduetopf auf das Rechaud stellen und die Brühe bei sanfter Hitze weiterköcheln lassen. Jeweils 1 Fleischscheibe zweimal falten und aufspießen oder um die Gabel rollen und nach Geschmack kürzer oder länger in der würzigen Bouillon kochen lassen.

So schmeckt's am besten: mit Preisselbeer-Meerrettich-Dip, Malteser- und/oder Sherrysauce (Rezepte Seite 65, 67, 69).

Fischfondue Theodor

Zutaten für 4 Portionen:
600 g Seezungen- oder Schollenfilet · Salatblätter · etwa 1 l Hühnerbrühe (Würfel)

- Vorbereitungszeit: 10 Minuten

So wird's gemacht: Die gesäuberten Fischfilets in kleine Stücke schneiden und auf einer Platte auf grünen Salatblättern arrangieren. Das sieht besonders appetitlich aus. • Auf das Rechaud einen Topf mit kochender Hühnerbrühe – aus Würfeln, dann ist sie nicht so fett – stellen. Die Fischstückchen aufspießen und kurz sieden lassen.

So schmeckt's am besten: Man stippt die garen Fischstücke in die folgende Spezialsauce. Dazu gibt es grünen Salat und Salzkartoffeln.

Spezial-Weinsauce mit Krabben

Zutaten für 4 Portionen:
1 Zwiebel · 40 g Butter · 2 gestrichene Eßl. Mehl · ¼ l klare Fleischsuppe · ¼ l Weißwein · 2 Gewürznelken · 100 g Krabben · 1 Prise Salz · etwas Zitronensaft

- Zubereitungszeit: 25 Minuten

So wird's gemacht: Die Zwiebel schälen, würfeln und in der heißen Butter glasig werden lassen. Das Mehl hinzufügen und unter Rühren kurz anschwitzen. Mit der Suppe und dem Weißwein langsam löschen. Durchkochen. • Die Gewürznelken und die Krabben dazugeben. Die Sauce mit dem Salz und Zitronensaft abschmecken und etwa 10 Minuten köcheln lassen. • Einen Saucenlöffel mitservieren, denn die Sauce ist nicht nur zum Stippen da, sondern soll auch – schon wegen der Krabben – über die Kartoffeln gegeben werden.

Unser Tip Kochen Sie Brühe mit einem Suppenhuhn selbst. Dann lassen Sie sie im Kühlschrank kalt werden und nehmen das Fett ab, sobald es als Platte obenauf schwimmt.

Fischfondue Katou

Bild 2. Umschlagseite

Zutaten für 4 Portionen:
400 g Heilbutt · 200 g Haifischsteak · 200 g Forelle · Saft von 2 Zitronen · frisch gemahlener weißer Pfeffer · 12 tiefgefrorene Jakobsmuscheln · 1 l Fleisch- oder Hühnerbrühe · Currypulver oder Safran

- Vorbereitungszeit: 20 Minuten
- Marinierzeit: 1 Stunde

So wird's gemacht: Die Fische häuten, entgräten und in Stückchen schneiden, mit dem Zitronensaft übergießen und 1 Stunde marinieren lassen. • Die Fischstücke gut trockentupfen; Haifischstücke zusätzlich pfeffern. Die Jakobsmuscheln antauen lassen, in Stükke schneiden und anrichten. • In die Fleisch- oder Hühnerbrühe rühren Curryfreunde 1 Prise Currypulver, andere 1 Prise Safran, in etwas Wasser gelöst. Die Brühe erhitzen und auf dem Rechaud kochen lassen. Mit dem Sieden der aufgespießten Fischstücke und Muscheln beginnen.

So schmeckt's am besten: mit Aioli, Weißweinsauce mit Krabben (Rezepte links und Seite 59) und winzigklein gehacktem Ingwer.

Variante: Die Jakobsmuscheln durch Miesmuscheln ersetzen. 500 g frische, geputzte Miesmuscheln in ⅛ l kochenden Weißwein geben, zugedeckt 2 Minuten kochen lassen, bis sich die Schalen der Muscheln öffnen. Das Muschelfleisch ausgelöst anrichten.

Fischfondue auf unsere Art

Zutaten für 4–5 Portionen:
500 g Seezungenfilets · Saft von 1 Zitrone · 1 Eßl. chinesische Sojasauce · 250 g Karpfen · 2 Eßl. Sangrita · 1 Eßl. Sherry · 1 Dose Fischbällchen (850 ml) · 250 g aufgetaute Langostinos ohne Kopf
Für die Brühe: 1½ l Kalbsbrühe · 1 Lorbeerblatt · 5 Pfefferkörner · Salz · 2 Bunde Dill oder · 1 Teel. gefriergetrocknete Dillspitzen · ¼ l Weißwein

- Vorbereitungszeit: 35 Minuten
- Marinierzeit: 1 Stunde

So wird's gemacht: Die Seezungenfilets in Streifen schneiden. In dem Zitronensaft und der Sojasauce 1 Stunde marinieren lassen. • Den Karpfen in Stückchen schneiden und mit einer Mischung aus dem Sangrita und dem Sherry übergießen. Die Fischbällchen abgießen. Die Langostinoschwänze natur belassen. Die Brühe mit den Gewürzen und dem Dill etwa 15 Minuten auf dem Herd köcheln lassen. Den Wein dazugießen. • Die Brühe auf dem Rechaud wieder zum Kochen bringen. Abwechselnd Fischstücke, Fischbällchen und Langostinos darin kochen.

So schmeckt's am besten: mit weiterer Sojasauce, verdünnt mit Sherry, und mit Holländischer Sauce, Vinaigrette und/oder Quarkdip (Rezepte Seite 63, 67, 70).

Varianten: ⅔ Hühnerbrühe verdünnt mit ⅓ Wasser verwenden oder ½ Brühe, ½ Weißwein nehmen.

Chinesischer Feuertopf

Zutaten für 4 Portionen:
400 g ausgelöster Lammrücken · 200 g Hähnchenschnitzel · 200 g Steinbutt, filetiert · 1 Schweineniere · 20 g getrocknete chinesische Pilze · 250 g Chinakohl · 250 g Möhren · 1 kleine Zwiebel · 1 Eßl. chinesische Sojasauce · 1 Teel. gemahlener Ingwer · 1 Prise Zucker · 1 l Hühner- oder Fleischbrühe

- Vorbereitungszeit: 50 Minuten

So wird's gemacht: Das Lammfleisch und die Hähnchenschnitzel in feine Streifen, den Fisch in Würfel schneiden. Die Niere sauber putzen und quer in Scheibchen schneiden. Alles Fleisch gemischt auf Portionstellern anrichten und kalt stellen. • Die Pilze etwa 30 Minuten in warmem Wasser weichen, dann in bißgroße Stücke schneiden, dabei harte Stielstücke entfernen. Den Chinakohl grobschneiden, waschen und gut abtropfen lassen. Die Möhren putzen und in Scheibchen hobeln. • Die Zwiebel schälen und feinhacken. Aus der Sojasauce, der gehackten Zwiebel und dem Ingwer einen Dip mischen. Die Brühe zum Kochen bringen. Alles auftragen. • Die Hälfte vom Chinakohl und den Möhren einige Minuten in der Brühe köcheln lassen. Dann Fleischstückchen aufspießen und in der Suppe kurz sieden lassen. In den Dip tauchen und essen. • Zum Schluß Fleischreste und weiteres Gemüse in die Brühe geben, noch ein Weilchen kochen lassen, dann als Suppe verzehren.

So schmeckt's am besten: Zusätzlich noch Chinasauce spezial (Rezept Seite 61) servieren.

Mongolischer Feuertopf

In der Mongolei bevorzugt man Lammfleisch und nimmt sich viel Zeit für das Vorbereiten und Anrichten.

Zutaten für 6 Portionen:
1500 g Lammfleisch ohne Knochen aus Keule oder Schulter · 100 g Glasnudeln · 250 g frische Spinatblätter · 250 g Staudensellerie · 250 g Champignons · 2 l Hühnerbrühe · 1 Stange Lauch/Porree · 1 Stück frischer Ingwer, etwa 4 × 4 cm groß · 2 Knoblauchzehen · 2 Eßl. gehackte glatte Petersilie
Für die Sauce: 1 gestrichener Eßl. Zucker · 8 Eßl. Sojasauce · 2 Eßl. Erdnußöl · 2 Eßl. Reiswein oder strohfarbener trockener Sherry · ½ Teel. Tabasco · 2 Eßl. heiße Hühnerbrühe · 1 Eßl. Erdnußbutter/Erdnußmus

- Vorbereitungszeit: 1 Stunde

So wird's gemacht: Das Lammfleisch (tiefgefrorenes etwas antauen lassen oder frisches für 3 Stunden ins Gefriergerät geben) quer zur Faser hauchdünn schneiden, in der Größe einer Streichholzschachtel. Die Scheibchen auf Brettchen oder Tabletts dachziegelartig anrichten. Die Glasnudeln 30 Minuten in Wasser weichen lassen, dann kurzschneiden und auf einen flachen Teller legen. Den Spinat waschen, die Stiele entfernen, die Nudeln damit umkränzen. Den Staudensellerie in fingerlange Stücke schneiden und 2 Minuten in kochendem Wasser blanchieren. Die Champignons in dünne Scheiben schneiden und mit dem Staudensellerie auf einem weiteren Teller anrichten. • Für die Sauce den Zukker in etwas heißem Wasser auflösen. Aus der Sojasauce, dem Erdnußöl, dem Reiswein oder Sherry, dem aufgelösten Zucker, dem Tabasco und der in 2 Eßlöffeln heißer Hühnerbrühe aufgelösten Erdnußbutter eine Sauce rühren und diese auf sechs Portionsschüsselchen verteilen. Vor jeden Gast ein Schüsselchen stellen. • Die Hühnerbrühe zum Kochen bringen. Den Lauch putzen, waschen und ebenso wie den Ingwer feinschneiden. Die Knoblauchzehen schälen und hacken. Lauch, Ingwer, Knoblauch und die Petersilie in die sanft köchelnde Hühnerbrühe geben. Das Fleisch mit Gabel oder Stäbchen in diese Bouillon tauchen und köcheln lassen, dann in die Sojasauce dippen. • Zum Schluß die Nudeln und das Gemüse in die Brühe geben, 1–2 Minuten sanft kochen lassen und als letzten Gang in Suppenschüsselchen servieren.

So schmeckt's am besten: Bier dazu trinken.

Anmerkung: Am stilechtesten bereitet man die asiatischen Feuertöpfe in einem Original-Feuertopf oder Hot-Pot zu (siehe Seite 10).

Fondue moderne

Bild Seite 55

Zutaten für 4 Portionen:
250 g tiefgefrorene Hummerkrabben · Fleisch von ½ küchenfertigen Hähnchen (ohne Haut) · 1 Schweinefilet · 200 g Rinderfilet · 4 Hühnerlebern · einige Blumenkohlröschen · frische Champignons · Möhren · 1 Handvoll frische Spinatblätter · 4 Eßl. Sherry · 4 Eßl. Wasser · 2 gestrichene Eßl. Speisestärke · 1 l Hühnerbrühe · 4 Eier · 4 Eßl. chinesische Sojasauce

• Vorbereitungszeit: 35 Minuten (ohne Auftauzeit)

So wird's gemacht: Die Hummerkrabben auftauen lassen. Das Hähnchenfleisch in Streifen, das Schweinefilet und das Rinderfilet in hauchdünne Scheiben schneiden. Die Hühnerleber würfeln, kurz mit kochendem Wasser brühen, abgießen und auf Küchenkrepp gut abtrocknen. • Die Blumenkohlröschen, Champignons und Möhren putzen und in feine Scheiben schneiden. Alles roh, mit den Spinatblättern und dem Fleisch hübsch angerichtet, auf den Tisch stellen. Den Sherry mit dem Wasser und der Speisestärke verquirlen und in einem Schälchen bereitstellen. • Die Hühnerbrühe erhitzen und auf dem Rechaud weiterköcheln lassen. Vor jeden Gast ein Schüsselchen oder Schälchen mit je 1 rohen Ei und 1 Eßlöffel Sojasauce stellen. Nun gibt der Hausherr von allen Zutaten in die Bouillon und läßt sie 1–2 Minuten kochen. Dann fischt er für jeden mit einem kleinen Schöpflöffel davon heraus, und man ißt – möglichst mit Stäbchen – aus seiner Schale, in der man Ei und Sojasauce miteinander verquirlt hat. Dann tauchen die Gäste selbst Zutaten in die Mischung aus Sherry, Wasser und Speisestärke und geben sie in die Brühe. Man fischt sich aus dem Topf, was gar ist. • Zum Abschluß die inzwischen sehr köstlich gewordene Brühe verteilen und mit den Eiresten aus dem eigenen Schälchen schlürfen.

So schmeckt's am besten: mit Sardellensauce (Rezept Seite 68).

Unser Tip Eventuell müssen Sie nochmal Ei und Sojasauce nachreichen.

Sukiyaki auf unsere Art

Sukiyaki (sprich Ski-ja-ki) ist ein japanisches Gericht, das wir für hiesigen Gebrauch zurechtprobiert haben. Für Sukiyaki verwenden wir gut fettmarmoriertes Fleisch und schmoren in einem flachen Eisentopf oder einer tiefen Eisenpfanne, diese kommen dem Original-Sukiyakitopf am nächsten.

Zutaten für 4 Portionen:
600–800 g Rumpsteak · 200 g Zwiebeln · 200 g Möhren · 200 g Lauch/Porree · 100 g Kopfsalat · 1 Dose Bambussprossen (315 ml) · 1 Dose (besser noch frische) Sojabohnenkeime (315 ml) · 6 chinesische Pilze · 1 Handvoll Spinatblätter · 125 g Tofu (Sojabohnenkäse) · ½ l Hühnerbrühe · 0,1 l japanische Sojasauce · 0,1 l Mirin (süßer Reiswein, schwächer als Sake) oder heller, trockener Sherry · 1 gestrichener Teel. Streuwürze · 1 Prise Zucker · 2 Eßl. Öl · 4–8 Eigelbe · 200–300 g gekochter Reis

● Vorbereitungszeit: 50 Minuten

So wird's gemacht: Zunächst das Fleisch wie gelernt dünn aufschneiden und dekorativ auf einem weißen oder schwarzen Tablett arrangieren. Dann die Zwiebeln schälen und hauchdünn hobeln. Die Möhren putzen und in lange dünne Streifen schneiden, die sich etwas rollen sollen. Den Lauch putzen, gründlich waschen und in Scheiben schneiden, möglichst schräg zur Stange. Den Salat waschen, abtropfen lassen und streifig schneiden. Die Bambussprossen ganz dünn schneiden, die Sojabohnenkeime abtropfen lassen und auseinanderzupfen. Die Pilze 30 Minuten in lauwarmem Wasser weichen, die harten Stiele abschneiden und die Hüte in Streifen schneiden. Die Spinatblätter mit der Küchenschere rechteckig schneiden. Den Tofu in dünne schmale Scheiben schneiden. • Alles auf Tabletts möglichst geschmackvoll und farbenfroh dekorieren. Die Hühnerbrühe mit der Sojasauce und dem Wein verrühren, mit der Streuwürze und dem Zucker abschmekken. Für das notwendige Salz sorgt die Sojasauce. Die Flüssigkeit erhitzen. • Auf dem Rechaud in Pfanne oder Topf die ersten Fleischscheiben und etwas Gemüse in ein wenig Öl anbraten, mit der heißen Brühe zweifingerbreit auffüllen und weiterköcheln lassen. Jeder Gast erhält ein Schälchen mit einem rohen Eigelb und ein Schälchen mit gekochtem Reis. Der Hausherr teilt aus dem Topf aus, und jeder ißt aus seinem Schälchen, in dem er Gemüse und Fleisch mit dem Ei vermischt. (Vorsorglich für jeden Gast ein zweites Eigelb bereithalten). Es darf im Topf immer nur so viel Brühe sein, daß Fleisch und Gemüse mehr schmoren als kochen. Jeder beginnt nun selbst nachzulegen und zu fischen, wie bei einer europäischen Fondue. Nur: Sukiyaki wird mit Stäbchen gegessen (wer's nicht kann, nimmt Fonduegabeln).

Anmerkung: Tofu (Sojabohnenkäse), eine Art fester Quark, ist in Alternativläden, Reformhäusern und gut sortierten Käsegeschäften zu bekommen.

Italienische Tomatenfondue

Hier wird statt in einfacher Brühe in roter Fleisch-Tomaten-Suppe gekocht.

Zutaten für 4 Portionen:
500 g Hühnerbrust · 500 g Kalbslende · 1 kg kleine, säuerliche Tomaten · 2 Zwiebeln · 4 Eßl. Olivenöl · 1 gestrichener Eßl. Zucker · 1 gestrichener Teel. Salz · 1 Teel. getrockneter Oregano · frisch gemahlener schwarzer Pfeffer · 2 Eßl. Tomatenmark · 1¼ l Hühnerbrühe

- Vorbereitungszeit: 40 Minuten
- Zeit zum Vorfrieren: 2 Stunden

So wird's gemacht: Das rohe Fleisch im Gefriergerät etwa 2 Stunden anfrieren lassen; dann hauchdünn schneiden. • Die Tomaten (sizilianische eignen sich am besten) schneiden, die Zwiebeln würfeln und beides im Öl anschmoren; die Zwiebeln müssen fest bleiben. Den Zucker, das Salz, den Oregano, Pfeffer und das Tomatenmark dazugeben und 20 Minuten köcheln lassen. Eventuell schon etwas Brühe angießen. Dieses Tomatenpüree durch ein Sieb streichen und mit reichlich 1 l Hühnerbrühe auffüllen. • Die Tomatenbrühe auf das Rechaud stellen. Die hauchdünnen Fleischscheibchen darin wie gelernt kochen.

So schmeckt's am besten: in geriebenen Parmesankäse gestippt, den jeder Gast in einem Schälchen vor sich stehen hat. Für 4 Personen rechnet man 100 g Käse.

Punschfondue

Eine ausgefallene Fondue, denn in diesem Rezept wird die Bouillon durch Wein ersetzt.

Zutaten für 4 Portionen:
800 g Rinderfilet oder Kluft · 1½ l Rotwein (Beaujolais, Pfälzer oder Kalterer) · 5 Pimentkörner · 10 schwarze Pfeffer körner · 1 Nelke · 10 Korianderkörner · ½ Zimtstange · 1 Lorbeerblatt · 1 gestrichener Eßl. Zucker · 2 gestrichene Teel. Salz · 1 gestrichener Teel. grobgemahlener Pfeffer · 1 gestrichener Teel. Knoblauchsalz

- Vorbereitungszeit: 35 Minuten

So wird's gemacht: Das Fleisch in feine, kleine Scheiben schneiden. • Den Wein in den Fonduetopf geben. Die Pimentkörner, die Pfefferkörner, die Nelke, die Korianderkörner, die Zimtstange und das Lorbeerblatt in ein Mullbeutelchen binden und in den Wein hängen. Zum Sieden bringen. Den Zucker hinzufügen. • Das Salz und den grobgemahlenen Pfeffer in eine trockene Gußeisenpfanne geben und stark erhitzen; dabei mit einem Holzlöffel gut verreiben. Das Knoblauchsalz zufügen und diese Mischung auf Tellerchen geben. • Die Fleischscheibchen aufspießen und, wie gelernt, im Wein kochen, dann in das gewürzte Salz stippen.

So schmeckt's am besten: mit warmen Zwiebelbrotscheiben oder Stangenweißbrot.

Variante: Statt Rotwein, Weißwein nehmen, statt Rindfleisch Hühnerfleisch oder Kalbslendchen darin kochen.

Süße Fondues – besondere Desserts

Süße Fondues sind Desserts, die einer Mahlzeit den gemütlichen Abschluß geben. Sie eignen sich aber auch für ein winterliches Kaffeestündchen und vor allem natürlich für Kinderfeste. Neben den besonders beliebten, Marshmallow- und Karamelfondues, kann man Kindern auch alle anderen Fondues aus diesem Kapitel zubereiten – man läßt eben nur den Alkohol weg.

Zu den süßen Fondues bevorzugen wir als Getränk ungesüßten, starken Kaffee. Es passen aber auch ein Becher kalte Milch, ein Glas Sekt, ein Gläschen Cognac, Rum oder Whisky.

Für die Zubereitung der Schokoladenfondue wurden Spezialsets entwickelt, da die geschmolzene Schokolade nur bei schwachen Temperaturen gut flüssig und zum Tauchen geeignet bleibt. Hat man kein solches Set, nimmt man eine Warmhalteplatte oder einen Butterwärmer mit Kerze und als Gefäß einen Caquelon oder ein feuerfestes Töpfchen.

Wichtig: Schokofondues immer über einer Kerzenflamme heiß halten. Eine Spiritusflamme ist zu stark, da Schokolade leicht anbrennt.

Schokoladenfondue mit Parfum

Ein Grundrezept mit vielen Varianten. Auch ihrer Phantasie sind kaum Grenzen gesetzt.

Zutaten für 4 Portionen:
¼ l Sahne · 2 Tafeln Feinbitterschokolade (200 g) · 2 Eßl. Quittengelee · 1 Eßl. Rum

- Vorbereitungszeit: 15 Minuten

So wird's gemacht: Die Sahne erwärmen, die kleingebrochene Schokolade dazugeben und unter Rühren zum Schmelzen bringen. Dann das Gelee einrühren, bis es sich gelöst hat. Mit dem Rum parfümieren.

So schmeckt's am besten: Aufgetunkt wird mit halbierten festfleischigen Zwetschgen, mit halbierten großen blauen Trauben, mit Apfelstücken und mit Weißbrot.

Varianten: Statt mit Quittengelee plus Rum mit bitterer Orangenmarmelade plus Whisky, mit herbem Johannisbeergelee plus Kirschwasser, mit Sauerkirschmarmelade plus Cherry Brandy zubereiten.

Whisky-Schoko-Fondue

Zutaten für 4 Portionen:
¼ l Sahne · 1 gestrichener Eßl. Pulverkaffee · 1 Tafel Feinbitterschokolade (100 g) · 1 Tafel Vollmilchschokolade (100 g) · 1 Eßl. Whisky

- Vorbereitungszeit: 15 Minuten

So wird's gemacht: Die Sahne erwärmen und den Pulverkaffee darin lösen. Die Schokoladentafeln in Stückchen brechen, in die Sahne geben und unter ständigem Rühren schmelzen lassen. Den Whisky einrühren und sofort mit dem Auftunken beginnen.

So schmeckt's am besten: aufgetunkt mit Grahambrot und/oder Ananasstücken.

◁ Zum Bild Seite 55: Fondue moderne. Rezept Seite 51.
Von links oben nach rechts unten: Currysauce kalorienarm, Mustardrelish, Aioli, Kräutersauce, Aprikosensauce, Teufelssauce. Rezepte Seite 59 bis 69.

Minz-Schoko-Fondue

Zutaten für 4 Portionen:
⅛ l Sahne · 2 Eßl. Pfefferminzlikör · 2 Tafeln Halbbitterschokolade (200 g)

● Vorbereitungszeit: 15 Minuten

So wird's gemacht: Die Sahne erwärmen und den Pfefferminzlikör dazugeben. Die Schokolade grob reiben, in die Flüssigkeit rühren und schmelzen lassen. Auf das Kerzenrechaud stellen.

So schmeckt's am besten: mit festen Birnen aus der Dose oder frischen Birnen in Stücken, mit Weißbrot- oder Sandkuchenstückchen. Oder mit Stücken von kandierten Früchten.

Unser Tip Ist eine süße Fondue zu dickflüssig, so verdünnt man mit etwas Kaffee, Sahne oder Schnaps.

Mokkafondue Royal

Zutaten für 4 Portionen:
2 Tafeln Halbbitterschokolade (200 g) · ⅛ l heißer, starker Kaffee · 3 Eßl. Sahne · 3 Eßl. Cognac · 1 Messerspitze Zimtpulver

● Vorbereitungszeit: 15 Minuten

So wird's gemacht: Die Schokolade kleinbrechen. Die Stückchen im heißen Kaffee schmelzen lassen und cremig rühren. Dann die Sahne, den Cognac und den Zimt dazugeben und gleichmäßig verrühren. Einen hölzernen Löffel benutzen.

So schmeckt's am besten: aufgetunkt mit Marshmallows, Würfeln von Sandkuchen oder Pfirsichschnitzen.

Marshmallowfondue

Diese Fondue eignet sich besonders gut für einen Kindergeburtstag.

Zutaten für höchstens 4 Kinderportionen:
1 Paket Marshmallows (150 g) · 2 Eßl. Zitronensaft · einige Eßl. Wasser · ⅛ l Sahne

● Vorbereitungszeit: 10 Minuten

So wird's gemacht: Die Marshmallows mit dem Zitronensaft und dem Wasser bei gelinder Hitze schmelzen lassen. Die Sahne dazugeben und zu einer gleichmäßigen Creme verrühren. Auf einer Kerzenflamme warm halten.

So schmeckt's am besten: aufgetunkt mit Ananasstücken, Pfirsichschnitzen und Kuchenwürfeln.

Anmerkung: Marshmallows sind weiche, recht süße Riesenbonbons aus Maisstärkesirup, Zucker, Traubenzucker und Gelatine. Es gibt sie in den Farben grün = Limone, rosa = Erdbeere, orange = Orange und gelb = Zitrone.

Früchtefondue

Zutaten für 4 Portionen:
Saft von 6 Zitronen · Saft von 6 Orangen · 4 gestrichene Eßl. Puderzucker oder 3 Eßl. Honig

- Vorbereitungszeit: 10 Minuten

So wird's gemacht: Den Fruchtsaft mischen. Mit dem Zucker oder dem Honig verrühren und im Fonduetopf köcheln lassen, bis sich Zucker oder Honig gelöst haben.

Mit einem Kugelausstecher kann man das Melonenfruchtfleisch rasch aus der halbierten Frucht lösen.

So schmeckt's am besten: mit gehäuteten Orangenschnitzen, Pfirsichschnitzen, Ananasstücken, ausgestochenen Bällchen von Ogen- oder Netzmelone, entkernten Datteln, Stücken von Feigen.

Unser Tip Die Früchte zimmerwarm servieren, dann haben sie das kräftigste Aroma.

Karamelfondue

Zutaten für 4 Portionen:
250 g Sahnetoffees oder Karamelbonbons · 8 Eßl. Wasser oder Sahne · 1 Eßl. Rum

- Vorbereitungszeit: 10 Minuten

So wird's gemacht: Die Bonbons unter ständigem Rühren in dem Wasser oder der Sahne auf kleiner Hitze auflösen. Die Sauce über einer Kerzenflamme immer sehr warm halten. Beim Stippen gut umrühren.

So schmeckt's am besten: Apfelstücke, Walnüsse (lassen sich schlecht aufpieken, schmecken aber gut), Makrönchen und Bananenstücke stippen.

Selbstgemachte Saucen und Dips

Das »In-etwas-Hineintauchen« oder »Stippen« ist unverzichtbarer Bestandteil einer jeden Fondue. Bei der Käsefondue ist es der geschmolzene Käse, in den vor allem Brot gestippt wird, bei den Öltopf- und Brühentopf-Fondues tauchen wir zunächst Fleisch oder Fisch in die heiße Flüssigkeit, um sie zu garen. Dann aber brauchen wir flüssige Würzen, um den Bissen abzukühlen und ihn auf verschiedene Weise schmackhafter zu machen. Das ist die Aufgabe der Saucen und Dips. Ihre Vielfalt macht die Farbigkeit des Fonduerituals aus.

Zunächst eine Erklärung der Begriffe, die in den Rezeptüberschriften vorkommen. Was eine Sauce ist, wissen Sie!? Beantworten wir es präzise: Eine gewürzte Flüssigkeit, die den Geschmack eines Gerichtes angenehm ergänzen soll. Der Dip kommt aus Amerika: Ursprünglich auf Quarkgrundlage aufgebaut, stand er auf Cocktailpartys in Schälchen herum, auf daß man »finger food« (Dinge, die man mit der Hand essen kann) hinein-»dippen« konnte. In der Fondueküche nennt man inzwischen dickliche, zum Stippen besonders geeignete Saucen Dips. Ketchup kennen wir meist als Fertigprodukt: Es ist eine sehr dickflüssige Würzsauce auf Tomatenbasis. Chutney und Relish sind ebenfalls meist fertig angebotene Würzmarmeladen (Chutney ist dikker als Ketchup und Relish dicker als Chutney), die die Engländer aus Indien mitgebracht und weiterentwickelt haben. Auch sie sind interessante Fonduebeigaben.

Unser Angebot an Saucenrezepten ist bewußt breit gehalten, denn wer eine gute Fonduegastgeberin sein will, bietet mindestens vier selbstgemachte Saucen oder Dips an, die dann noch durch zwei Fertigsaucen ergänzt werden können. Dabei wird auf Abwechslung Wert gelegt, auf Kreativität und auf ein kleines Geheimnis, das einer Sauce den besonderen Pfiff gibt und das man nicht verrät.

Rezepte für Abwechslung und mit Kreativität bekommen Sie von uns. Das, Ihr Geheimnis müssen Sie selbst dazu erfinden, ob durch eine weitere Zutat oder durch ein kleines Lächeln ... – das bleibt wiederum Ihr Geheimnis.

Anmerkung: Die angegebenen Zubereitungszeiten halbieren sich in etwa, wenn Sie mit einem Mixer arbeiten.

Aioli

Bild Seite 56

Zutaten für 4 Portionen:
4 Knoblauchzehen · ½ Teel. Salz · 1 Eigelb · ¼ l Olivenöl · Zitronensaft

- Zubereitungszeit: 20 Minuten

So wird's gemacht: Die Knoblauchzehen schälen und kleinschneiden, dann mit dem Salz zerquetschen und zerreiben. Unter Rühren das Eigelb dazugeben und tropfenweise

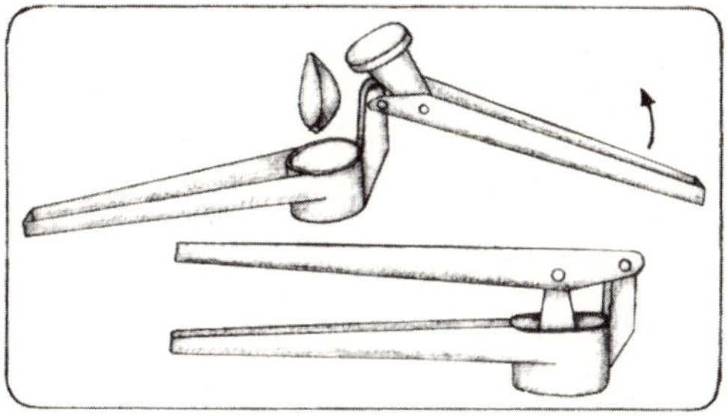

Wer viel Knoblauch verwendet, sollte sich unbedingt eine Knoblauchpresse anschaffen.

das Öl. Wenn die Mischung zu Mayonnaise geworden ist, mit etwas Zitronensaft abschmecken.

Paßt gut zu: Fischfondues.

Variante: 3 feingehackte Knoblauchzehen unter 1 Beutel Mayonnaise (100 g) rühren. Mit 2 Tropfen Tabasco pikant schärfen.

Unser Tip Kalte Saucen und Dips können Sie – wenn im Rezept nicht anders angegeben – am besten im Mixer zubereiten.

Apfel-Rosinen-Dip

Zutaten für 4 Portionen:
1 Eßl. kernlose Rosinen · 3 Eßl. Rotwein · 1 Apfel · 1 Teel. Zitronensaft · ½ Teel. Tabasco · 1 Eßl. Worcestersauce · 1 Eßl. gehackte Walnüsse

- Quellzeit: einige Stunden
- Zubereitungszeit: 15 Minuten

So wird's gemacht: Die Rosinen in dem Rotwein einige Stunden aufquellen lassen. • Den Apfel schälen, vom Kernhaus befreien und würfeln. Die Rosinen mit den Apfelwürfeln, dem Zitronensaft, dem Tabasco und der Worcestersauce im Mixer pürieren. Die Nüsse unterheben.

Paßt gut zu: Fleischfondues.

Apfelsauce

Zutaten für 4 Portionen:
8 Eßl. saure Sahne · 3 Eßl. scharfer französischer Senf · ½ Zwiebel · 2 Äpfel · Salz · frisch gemahlener Pfeffer · 2 hartgekochte Eier

- Zubereitungszeit: 20 Minuten

So wird's gemacht: Die saure Sahne mit dem Senf verrühren. Die Zwiebel schälen und ebenso wie die geschälten Äpfel in diese Mischung reiben. Salzen und pfeffern. Die Eier schälen, kleinhacken und unterheben.

Paßt gut zu: Siedfleischfondue (Rezept Seite 46) und Meerestierfondues.

Variante: Zusätzlich mit 1 Teelöffel Curry gewürzt, ist die Sauce zur Lammfondue (Rezept Seite 32) ideal.

Aprikosensauce

Bild Seite 56

Zutaten für 4 Portionen:
½ Dose Aprikosen ohne Zucker (etwa 425 ml) · 5 Eßl. Mangochutney · 2 Eßl. Apfelessig · 1 Teel. abgeriebene Zitronenschale (Schale unbehandelt) · 1 gestrichener Teel. Zucker

- Zubereitungszeit: 20 Minuten

So wird's gemacht: Die Aprikosen zermusen und das Chutney ganz fein hacken. Beides mit den anderen Zutaten in eine Kasserolle geben. Auf kleiner Hitze so lange rühren, bis die Masse zu blubbern anfängt. Heiß oder kalt servieren.

Paßt gut zu: Fleischfondues.

Avocadodip – Guacamole

Zutaten für 4 Portionen:
1 große reife Avocado · 2 Teel. Zitronensaft · 1 Knoblauchzehe · 1 gestrichener Teel. Chilipulver · 2 Eßl. Mayonnaise · Salz

- Zubereitungszeit: 15 Minuten

So wird's gemacht: Die Avocado halbieren, den Kern herausnehmen; dann das Fruchtfleisch aus der Schale löffeln und mit einer Gabel gründlich zermusen. Dabei den Zitronensaft dazugeben. Die Knoblauchzehe schälen. Das Chilipulver, den zerquetschten Knoblauch und die Mayonnaise unterrühren. Mit wenig Salz abschmecken.

Paßt gut zu: Fleischfondues.

Chantilly-Sauce

Diese Sauce sollten Sie erst unmittelbar vor dem Servieren zubereiten.

Zutaten für 4 Portionen:
2 Eßl. geschlagene Sahne · 6 Eßl. Mayonnaise · 1 Teel. Zitronensaft · etwas frisch gemahlener weißer Pfeffer

- Zubereitungszeit: 5–10 Minuten

So wird's gemacht: Die geschlagene Sahne vorsichtig unter die Mayonnaise rühren. Mit dem Zitronensaft und Pfeffer abschmecken.

Paßt gut zu: Fleisch- oder Fischfondues.

Chinasauce spezial

Zutaten für 4 Portionen:
4 Eßl. Mayonnaise · 1 Eßl. chinesische oder indonesische Sojasauce · 1 hartgekochtes Ei · 1 Stück eingelegter Ingwer · 4 Eßl. steifgeschlagenes Eiweiß (½ Eiweiß)

- Zubereitungszeit: 15 Minuten

So wird's gemacht: Die Mayonnaise mit der Sojasauce gründlich verrühren. Das Ei schälen und hacken. Den Ingwer sehr fein hakken. Beides unter die Mayonnaise mischen. Unmittelbar vor dem Servieren den Eischnee unterheben und die Sauce dadurch luftig machen.

Paßt gut zu: Fondue chinoise (Rezept Seite 45) und allen Feuertöpfen.

Currysauce kalorienarm

Bild Seite 56

Zutaten für 4 Portionen:
250 g Hüttenkäse oder Jocca · 2 gestrichene Teel. Currypulver · 1 Eßl. geriebener Apfel oder Apfelkompott · etwas Salz · eventuell 1 Prise Safran

- Zubereitungszeit: 5–10 Minuten

So wird's gemacht: Alle Zutaten gründlich miteinander verrühren. 1 Prise Safran macht die Farbe der Sauce intensiver und appetitanregender, ohne daß sie ihren Geschmack verändert.

Paßt gut zu: Fleisch- und Fischfondues.

Currysauce mit Mayonnaise

Zutaten für 4 Portionen:
1 Beutel Mayonnaise (100 g) · 3 Eßl. Dosenmilch · 1 Apfel von etwa 100 g · ½ kleine Zwiebel · 1–2 Teel. Currypulver · Zitronensaft · Salz · 1 Prise Zucker

- Zubereitungszeit: 10 Minuten

So wird's gemacht: Die Mayonnaise mit der Dosenmilch verrühren und dadurch geschmeidiger machen. Den Apfel schälen, hineinraspeln und sofort umrühren, damit er nicht anläuft. Die Zwiebel ganz klein hacken und mit dem Curry zufügen. Rühren, dann mit Zitronensaft, Salz und dem Zucker abschmecken.

Paßt gut zu: Fondue bourguignonne (Rezept Seite 32).

Estragonsauce

Bild 3. Umschlagseite

Zutaten für 4 Portionen:
4 Eigelbe · 125 g Butter · Salz · frisch gemahlener weißer Pfeffer · 5 Eßl. Weißwein (trockener Mosel) · 1 Teel. kleingehackte eingelegte Estragonblätter (Fertigprodukt) oder frische Blättchen · 1 Teel. Zitronensaft · ½ Teel. Zucker

- Zubereitungszeit: 30–35 Minuten

So wird's gemacht: Die Eigelbe schaumig schlagen. Die Butter zerlassen und nach und nach dazugeben. Salzen und mit der Pfeffermühle darübermahlen. Den Topf in ein heißes Wasserbad hängen und weiterschlagen. Nach und nach den Weißwein dazugeben, dann die restlichen Zutaten. Die Sauce soll schön dick sein. Warm servieren.

Paßt gut zu: Fischfondues.

Unser Tip Diese und ähnliche Saucen einfach in der Simmerkasserolle (Silit) bereiten, die nach dem Wasserbadprinzip arbeitet.

Haselnußsauce

Zutaten für 4 Portionen:
2 Eßl. Butter · 3 gestrichene Eßl. Mehl · ¼ l klare Fleischsuppe oder Spargelwasser · Zitronensaft · Salz · 1 Eigelb · ⅛ l Sahne · 100 g Haselnüsse

● Zubereitungszeit: 30 Minuten

So wird's gemacht: Aus der Butter, dem Mehl und der Brühe eine helle Sauce machen (oder ein Päckchen Helle Soße nach Vorschrift zubereiten). • Mit reichlich Zitronensaft und wenig Salz abschmecken. Mit dem Eigelb und der Sahne verfeinern. Die Haselnüsse in einer Pfanne rösten, durch die Mandelmühle drehen und unter die Sauce mischen. Warm servieren.

Paßt gut zu: Lammfondue (Rezept Seite 32) und besonders raffiniert zu Fischfondues.

Holländische Sauce

Zutaten für 4 Portionen:
2 Eßl. Weinessig · ½ Eßl. feingehackte Zwiebel · 4–6 Pfefferkörner · 1–2 Eßl. Wasser · 3 Eigelbe · 250 g Butter · Streuwürze · etwas Zitronensaft

● Zubereitungszeit: 35–40 Minuten

So wird's gemacht: Den Essig, die gehackte Zwiebel und die zerdrückten Pfefferkörner zusammen in einer kleinen Kasserolle beinahe vollständig einkochen lassen. Dann das kalte Wasser dazugeben und die Masse durch ein Sieb in eine Schüssel drücken. Die Eigelbe zufügen und das Ganze auf nicht zu heißer Herdplatte, besser noch im Wasserbad, unter fortwährendem Schlagen und Schwingen zu einer dicklichen Creme rühren. • Die Butter erwärmen und flüssig werden lassen. Ganz langsam unter ständigem Schlagen unter die Eiercreme mischen. Streuwürze und Zitronensaft hinzufügen. Die Butter darf übrigens nicht zu heiß sein. Wird die Sauce zu dick, gibt man noch ein wenig Wasser dazu. Warm bis lauwarm servieren.

Paßt gut zu: Fondue chinoise (Rezept Seite 45) sowie allen Fisch- und Meerestierfondues.

Variante: Die »Mousselinesauce« oder »Echte Chantilly« wird aus der obigen Hollandaise abgeleitet. Unter ½ l holländische Sauce 4 gut gehäufte Eßlöffel steife Schlagsahne ziehen.

Anmerkung: Ein Gericht mit dem Zusatz Chantilly hat übrigens immer mit Sahne zu tun, denn auf Schloß Chantilly soll einst ein Koch die Schlagsahne erfunden haben.

Honigdip

Zutaten für 4 Portionen:
250 g kernlose blaue Rosinen · ⅛ l Wasser · 2 Eßl. Honig · 2 Eßl. Paprikamark (oder Hot-Ketchup) · 1 Eßl. Sojasauce · Salz · 4 Tropfen Tabasco · 1 Spritzer Worcestersauce

● Zubereitungszeit: 5–10 Minuten

So wird's gemacht: Die Rosinen mit dem Wasser im Mixer zu Brei zermusen. Den Honig dazugeben, ebenso die anderen Zutaten.

Paßt gut zu: Fondue bourguignonne (Rezept Seite 32).

Unser Tip Probieren Sie die Sauce auch einmal mit anderen Zutaten. Wichtig ist nur die Rosinen-Honig-Mischung.

Indonesische Sauce

Zutaten für 4 Portionen:
60 g Butter · ⅛ l indonesische Sojasauce · 2 Eßl. Zitronensaft · Salz · frisch gemahlener Pfeffer · 1 eingelegte scharfe Pfefferschote

- Zubereitungszeit: 20 Minuten

So wird's gemacht: Die Butter zerlassen. Die Sojasauce, den Zitronensaft, Salz und Pfeffer dazugeben. Die Pfefferschote aufschneiden, die Kerne entfernen und die Schote ganz fein hacken. Dazugeben und die Sauce zum Kochen bringen; dann 2 Minuten ziehen lassen. Abgekühlt servieren.

Paßt gut zu: Fleischfondues.

Variante: Statt der Butter Erdnußbutter nehmen. Zum Schluß 1 Eßlöffel Instant-Zwiebeln hineinrühren.

Ketchup nach Art des Hauses

Zutaten für 4 Portionen:
½ Flasche Tomatenketchup (170 g) · 2 gestrichene Eßl. Edelsüßpaprika · 2 Eßl. Magerquark · 1 Teel. Sojasauce · 1 Teel. Obstessig

- Zubereitungszeit: 5 Minuten

So wird's gemacht: Die Zutaten gut miteinander verrühren.

Paßt gut zu: Fleischfondues.

Knoblauch-Käse-Dip

Zutaten für 4 Portionen:
2–3 Knoblauchzehen · 2 Beutel Mayonnaise (je 100 g) · 1 gestrichener Eßl. geriebener Parmesankäse

- Zubereitungszeit: 5–10 Minuten

So wird's gemacht: Die Knoblauchzehen schälen, kleinschneiden und zerquetschen oder pressen. Das Knoblauchmus unter die Mayonnaise rühren. Mit dem Käse abrunden.

Paßt gut zu: Fleischfondues.

Kräutersauce

Bild Seite 56

Zutaten für 4 Portionen:
1 Eßl. gehackter Kerbel · 1 Eßl. gehackte Petersilie · 1 Eßl. kleingeschnittener Schnittlauch · ½ Eßl. gehackte Estragon · 2 Beutel Mayonnaise (je 100 g)

- Zubereitungszeit: 5–15 Minuten

So wird's gemacht: Die frischen Kräuter unter die Mayonnaise mischen und sofort servieren.

Paßt gut zu: Käsefondue bourguignonne (Rezept Seite 34).

Unser Tip Notfalls können Sie statt 1 Eßlöffel frischer Kräuter 1 Teelöffel getrocknete nehmen. Die getrockneten Kräuter in der Hand zerreiben und in der Mayonnaise 15–30 Minuten ziehen lassen, ehe man die Sauce serviert.

Limettendip

Zutaten für 4 Portionen:
150 g glatte Petersilie · Saft von 2 Limetten · abgeriebene Schale von 1 Limette (Schale unbehandelt) · 2 Eßl. Crème fraîche

- Zubereitungszeit: 15 Minuten
- Kühlzeit: 30 Minuten

So wird's gemacht: Die Petersilie von groben Stielen befreien, im Mixer mit dem Limettensaft und der -schale pürieren. Die Crème fraîche zufügen. Den Limettendip 30 Minuten kalt stellen.

Paßt gut zu: Hähnchenfondue (Rezept Seite 33), aber auch zu anderen Geflügel- und Fleischfondues.

Unser Tip Limetten gehören zur Familie der Zitronen, haben aber eine grasgrüne Schale. Sie ergeben doppelt soviel Saft wie Zitronen.

Malteser Sauce

Zutaten für 4 Portionen:
2 Eßl. Weinessig · ½ Eßl. gehackte süße Zwiebel (milde spanische Gemüsezwiebel) · 4 Pfefferkörner · 4 Eßl. Blutorangensaft · 3 Eigelbe · 250 g Butter · Streuwürze · 1 Eßl. hauchfein geschnittene Blutorangenschale (Schale unbehandelt)

- Zubereitungszeit: 30 Minuten

So wird's gemacht: Den Essig, die Zwiebel und die zerdrückten Pfefferkörner fast ganz einkochen lassen. 2 Eßlöffel Orangensaft dazugeben und die Sauce durch ein Sieb drükken. Die Eigelbe hinzugeben. Alles im Wasserbad zu einer dicklichen Creme rühren und schlagen. Die Butter flüssig werden und abkühlen lassen, dann langsam unter kräftigem Schwingen mit dem Schneebesen unter die Masse mischen. Mit Streuwürze abschmekken. Die übrigen 2 Eßlöffel Orangensaft sowie die Orangenschale zufügen. Auf Warmhalteplatte oder Butterstörchen servieren.

Paßt gut zu: Geflügelfondues.

Vereinfachte Varianten: Mayonnaise mit Orangensaft und geriebener Orangenschale verrühren. • Oder eine weiße Fertigsauce mit 1 Eigelb verfeinern und die notwendige Flüssigkeitsmenge zum Teil durch Orangensaft ersetzen; mit geriebener Orangenschale abschmecken.

Meerrettichdip

Zutaten für 4 Portionen:
150 g dicke saure Sahne · 3 Eßl. geriebener frischer oder 3 Teel. getrockneter Meerrettich (Spice Islands) · Salz · 2 Tropfen Tabasco · 2 Eßl. Zitronensaft

● Zubereitungszeit: 5 Minuten

So wird's gemacht: Die Zutaten gründlich miteinander verquirlen. Die Sauce ist leicht flüssig.

Paßt gut zu: Würstchenfondue (Rezept Seite 34).

Variante: Statt saurer Sahne Magerquark nehmen und diesen mit etwas Joghurt abrühren. Dann 1 Prise Zucker nicht vergessen.

Meerrettichsauce

Zutaten für 4 Portionen:
1 Zwiebel · 1 Apfel · 1 Eßl. Öl · ⅛ l Wasser · ⅛ l Milch · 1 Schachtel Helle Sauce · 1 Eigelb · 2 Eßl. geriebener frischer oder 2 Eßl. Meerrettich aus der Tube · ½ Teel. Senf · Salz · 1 Prise Zucker · 2 Eßl. steifgeschlagene Sahne

● Zubereitungszeit: 25–30 Minuten

So wird's gemacht: Die Zwiebel und den Apfel schälen, feinreiben und im Öl anbraten. Mit dem Wasser und der Milch aufgießen und das Saucenpulver dazugeben (Anweisung auf der Packung beachten!). • Die Sauce mit dem Eigelb verrühren und mit dem Meerrettich sowie den anderen Gewürzen abschmecken. Die geschlagene Sahne unterheben. Warm servieren.

Paßt gut zu: Siedfleischfondue (Rezept Seite 46).

Mustardrelish

Bild Seite 56

Zutaten für 4 Portionen:
2 hartgekochte Eier · 2 Senfgurken · 3 kleine Gewürzgurken · 2 eingelegte Paprikaschoten · 1 Teel. Kapern · 2–3 Eßl. Perlzwiebeln · 1 Flasche Piccalillisauce · grobgemahlener Pfeffer

● Zubereitungszeit: 15–20 Minuten

So wird's gemacht: Die Eier schälen und hakken. Die Senfgurken, die Gewürzgurken, die Paprikaschoten, die Kapern und die Perlzwiebeln kleinwürfeln. Alles unter die fertige Piccalillisauce rühren. Mit Pfeffer würzen.

Paßt gut zu: allen Fleisch-Öl-Fondues.

Oberländer Dip

Zutaten für 4 Portionen:
100 g Edelpilzkäse · 50 g Doppelrahmfrischkäse · Milch · 1 Eßl. gehackte Walnußkerne

- Zubereitungszeit: 10 Minuten

So wird's gemacht: Den Edelpilzkäse mit der Gabel fein zerdrücken, den Rahmkäse dazugeben und alles gut mischen. So viel Milch unter Rühren dazugeben, bis eine noch nicht flüssige Creme entsteht. Die gehackten Walnußkerne unterheben.

Paßt gut zu: Fleischfondues.

Preiselbeer-Meerrettich-Dip

Zutaten für 4 Portionen:
1 Glas Wildpreiselbeeren (220 g) · 2 Eßl. Zitronensaft · 2 Eßl. frisch geriebener oder 1 kleines Glas tafelfertiger Meerrettich

- Zubereitungszeit: 5 Minuten

So wird's gemacht: Alle Zutaten gut miteinander verrühren, von Hand mit dem Löffel, nicht mit dem Handmixer.

Paßt gut zu: Fleisch- und Wildfondues.

Quarkdip

Zutaten für 4 Portionen:
2 frisch gekochte Pellkartoffeln · 8 Eßl. Quark · 1–2 Eßl. Joghurt · Salz · frisch gemahlener Pfeffer · ½ Teel. Rosenpaprika · 1 Eßl. kleingeschnittener Schnittlauch

- Zubereitungszeit: 10 Minuten

So wird's gemacht: Die Kartoffeln abziehen und fein zerdrücken. Den Quark mit der Kartoffelmasse mischen und mit dem Joghurt cremig rühren. Würzig abschmecken und zuletzt den Schnittlauch unterziehen.

Paßt gut zu: Fondue bourguignonne (Rezept Seite 32) und Fondue chinoise (Rezept Seite 45).

Quark-Orangen-Sauce »schlank«

Zutaten für 4 Portionen:
150 g Quark · 5 Eßl. Milch · 1 Teel. scharfer Senf · 1 Teel. geriebener Meerrettich · 1 Schuß Rum · 1 Prise Salz · frisch gemahlener Pfeffer · 1 Eßl. bittere Orangenmarmelade

- Zubereitungszeit: 5–10 Minuten

So wird's gemacht: Den Quark mit der Milch schaumig rühren und die übrigen Zutaten so untermischen, daß eine gleichmäßig dicke Sauce entsteht.

Paßt gut zu: Siedfleischfondue (Rezept Seite 46).

Roquefortsauce

Zutaten für 4 Portionen:
150 g Roquefortkäse · 8 Eßl. Öl · 4 Eßl. Weinessig · Salz · frisch gemahlener Pfeffer

- Zubereitungszeit: 10–15 Minuten

So wird's gemacht: Den Käse sorgfältig mit der Gabel zerdrücken und mit dem Öl zu einer Paste verrühren. Mit dem Essig pikanter machen. Nach Geschmack salzen und mit Pfeffer übermahlen.

Paßt gut zu: Fleischfondues.

Rote-Bete-Sauce

Zutaten für 4 Portionen:
¼ l Sahne · 3 Eßl. Rote-Bete-Saft · 1 Teel. Zitronensaft · 1 Prise gemahlener Kümmel · ½ Teel. getrocknete Dillspitzen oder 1 Eßl. gehackter frischer Dill · frisch gemahlener Pfeffer · Salz

- Zubereitungszeit: 5 Minuten

So wird's gemacht: Die Zutaten sehr kalt gut miteinander mischen. Sofort servieren.

Paßt gut zu: Fleisch-Öl/Fett-Fondues und zu Würstchenfondue (Rezept Seite 34).

Sardellensauce

Zutaten für 4 Portionen:
2 kleine Tuben Sardellenpaste · Saft von 1 Zitrone oder Limette · ⅛ l Sahne · 1 Prise Zucker

- Zubereitungszeit: 10 Minuten

So wird's gemacht: Die Sardellenpaste mit dem Zitronen- oder Limettensaft und der Sahne gut vermischen und mit dem Zucker abrunden. Die Sauce in vier ausgehöhlten Zitronenhälften servieren.

Paßt gut zu: Fischfondues.

Senfsauce

Zutaten für 4 Portionen:
½ Glas scharfer Senf (75 g) · Saft von 1 Zitrone · ½ Glas Öl (im Senfglas gemessen) · 2 Teel. gehackte Petersilie · 12 Kapern

- Zubereitungszeit: 10 Minuten

So wird's gemacht: Den Senf mit dem Zitronensaft verrühren, dann langsam das Öl unter Rühren dazugeben. Schließlich die Petersilie und die Kapern unterheben.

Paßt gut zu: Fondue chinoise (Rezept Seite 45), zur Würstchenfondue (Rezept Seite 34), aber auch zu Fischfondues.

Sherrysauce

Zutaten für 4 Portionen:
1 Schachtel Helle Soße · ¼ l Wasser ·
2 Eßl. Sherry · 4 Eßl. steifgeschlagene Sahne

● Zubereitungszeit: 30 Minuten

So wird's gemacht: Die Helle Soße mit dem Wasser nach Anweisung auf der Packung zubereiten. Mit dem Sherry abschmecken. • Die Schlagsahne unterziehen. Unter Rühren erkalten lassen.

Paßt gut zu: Frikadellenfondue (Rezept Seite 36).

Spanischer Dip

Zutaten für 4 Portionen:
4 Oliven · 1 Sardellenfilet · 2 Eßl. kleingehackte eingelegte Paprikaschoten · 4 Eßl. Mayonnaise · 1 Teel. geriebene Zwiebel

● Zubereitungszeit: 5–10 Minuten

So wird's gemacht: Die Oliven und das Sardellenfilet kleinhacken. Die kleingehackten Zutaten unter die Mayonnaise rühren. Mit der geriebenen Zwiebel abschmecken.

Paßt gut zu: Fisch-Öl/Fett-Fondues.

Tatarensauce

Zutaten für 4 Portionen:
1 Eigelb · 1 Teel. scharfer Senf · Streuwürze ·
½ Teel. Zitronensaft · etwa ⅛ l Öl ·
2 Zwiebeln · 3 Cornichons · 1 Eßl. Kapern ·
1 hartgekochtes Ei

● Zubereitungszeit: 25 Minuten

So wird's gemacht: Das Eigelb mit dem Senf und der Streuwürze gut verrühren. Den Zitronensaft dazugeben, dann unter ständigem Rühren Öl dazutropfen, bis die Mayonnaise die gewünschte Dicke erreicht hat. (Oder 1½ Beutel oder 1 Glas Fertig-Mayonnaise nehmen). Die Zwiebeln und die Cornichons hacken und mit den Kapern unterrühren. Das hartgekochte Ei feinhacken und vorsichtig unterheben.

Paßt gut zu: allen Fondues von der Fleischfondue bourguignonne bis zur Fondue chinoise, auch zu Fischfondues.

Teufelssauce

Bild Seite 56

Zutaten für 4 Portionen:
4 Eßl. Tomatenketchup · 3 Eßl. Öl ·
1 Zwiebel · 100 g eingelegte Paprikaschoten (etwa 2 Stück) · 1 Eßl. Zitronensaft · Zucker · Salz · 1 Eßl. kleingeschnittener Schnittlauch · 1 Eßl. gehackte Petersilie · einige Spritzer Worcestersauce · einige Spritzer Tabasco

● Zubereitungszeit: 15 Minuten

So wird's gemacht: Das Tomatenketchup mit dem Öl verrühren. Die Zwiebel schälen und hacken, die Paprikaschoten feinwürfeln. Beides zur Sauce geben. Mit dem Zitronensaft, Zucker und Salz würzen. Die Kräuter unterrühren. Mit der Worcestersauce und dem Tabasco pikant schärfen.

Paßt gut zu: Fleisch-Öl/Fett-Fondues.

Vinaigrette

Zutaten für 4 Portionen:
2 Cornichons · 1 kleine Zwiebel · 1 Eßl. feingehackte Petersilie · 1 Teel. scharfer Senf · ½ Eßl. Kapern · ½ Eßl. winzige Tomatenwürfelchen · 2 Eßl. Weinessig · 1 gestrichener Teel. Streuwürze · ⅛ l Öl · 1 hartgekochtes Ei

- Zubereitungszeit: 25 Minuten

So wird's gemacht: Die Cornichons kleinwürfeln. Die Zwiebel schälen und feinhakken. Die Petersilie mit dem kleingewürfelten Cornichons, der feingehackten Zwiebel, dem Senf, den Kapern und den Tomatenwürfelchen mischen. Den Essig und die Streuwürze dazugeben. Nun das Öl sorgfältig darunterrühren, so daß eine sämige Sauce entsteht. Das Ei schälen, ganz klein hacken und darunterheben.

Paßt gut zu: Fondue chinoise (Rezept Seite 45) und zur Siedfleischfondue (Rezept Seite 46).

Zwiebeldip

Zutaten für 4 Portionen:
¼ l saure Sahne · 1 Päckchen Instant-Röstzwiebeln (50 g) · eventuell etwas Zitronensaft · 1 große, frische süße Zwiebel

- Zubereitungszeit: 10 Minuten

So wird's gemacht: Die saure Sahne und die Röstzwiebeln gründlich miteinander verrühren. Sollte die Sahne nicht dick genug sein, mit etwas Zitronensaft ansäuern. Die Zwiebel schälen, hauchdünn schneiden und daruntermischen.

Paßt gut zu: Fondue bourguignonne (Rezept Seite 32) und allen anderen Fleischfondues.

Rezept- und Sachregister

Kursiv gesetzte Seitenzahlen verweisen auf Farbbilder.

Markt der Fonduegeräte

BEKA (Braun & Kemmler): Emaillierte Töpfe (mit Holzstiel) für Käse und Fleisch, Spiritusbrenner, relativ leicht, ganze Sets.
Le Creuset (Vertrieb Artur Schmitz): Service-à-Fondue-Set, Gußeisenrechaud mit Spiritusbrenner, hängender Fonduetopf aus emailliertem Gußeisen, 6 Fonduegabeln.
Le Rôtisseur (Oeslauer Manufaktur): Kompletter Fonduesatz mit allen Beiwerken.
Melior (Vertrieb Karl Klaes): Raclettegeräte wie Käseschneider, Schmelzapparat etc.
Rommelsbacher: Elektro-Hausgeräte
Rowenta: Elektrofondue, Topf und Heizplatte getrennt.
Sigg: Caquelon aus emailliertem Aluminium mit Teflonbelag, Rechauds aller Formen, auch mit Aeroflame-Gasbrenner, Stahl- und Kupfertöpfe, Fondue-Butler mit drehbaren Saucenschälchen, Fondueteller und Schüsseln, Gabeln, Raclonette (Gerät mit Brenner und 4 Pfännchen für Raclette).
Silit (OMF): Emaillierte Fonduetöpfe mit Dekor, Brenner, Gourmetpfännchen, passende Schüsselchen. Simmerkasserolle (Wasserbad). Siehe Farbbild Seite 28.
Spring: Alle Fonduetöpfe, besonders in Kupfer und Chromnickelstahl, Gourmet-Pot für Bouillonfondue in Kupfer (Culinox) und Chromnickelstahl mit Doppelbrenner und Schöpfer. Spritzschutzdeckel. Deckel dient als Gabelhalter und hält die Temperatur konstant. Verschiedene Brenner, Fondueteller, Brotschalen, Saucenschälchen. Schokoladenfondue. Große Auswahl an Gabeln, Tischpfännchen mit Rechauds. Brenner mit Firestar-Brennpaste, Brenner mit Butan-Gas für Camping. Siehe Farbbilder Umschlag-Vorderseite, Seite 27, 38, 55, 3. Umschlagseite.
Stöckli: Fleischfondue-Töpfe in Kupfer, Rechauds (Spiritus) in Kupfer plus Schmiedeeisen, Gasbrenner in moderner Form, Pot-au-feu für Bouillonfondue mit 2 Brennern. Raclette-Ofen.
SUS: (Schulte-Ufer Sundern): Fonduetöpfe und Brenner, Saucentöpfchen, Gabeln. Siehe Farbbild 2. Umschlagseite.
Christian Wagner: Umfangreiches Programm von Keramik-Caquelons bis zu Kupfertöpfen, verschiedene Brenner, auch ein Gasbrenner, Zubehör wie Teller, Schälchen, Gabeln, Holzspießchen.
WMF: Das Programm umfaßt Fondue-Garnituren mit Chromargan-Töpfen oder Töpfen aus Stahl-Email mit verschiedenen Dekoren von rustikal bis modern und entsprechendes Zubehör. Siehe Farbbild Umschlag-Rückseite.